John Mapother

Wie man auf die Watchlist kommt

Eine wahre Geschichte
aus Amerika

John Mapother

Wie man auf die Watchlist kommt

Eine wahre Geschichte aus Amerika

Ibera & Molden

Die Deutsche Bibliothek - CIP-Einheitsaufnahme
Mapother, John:
Wie man auf die Watchlist kommt / John Mapother. - Wien :
Ibera-und-Molden-Verlag, 1997
ISBN 3-900436-56-8

Amerikanischer Originaltitel:
„How to get on the Watchlist – A true story from America".

Lizenzausgabe für Deutschland und die Schweiz: Universitas

Übersetzung: Johannes Eidlitz
Lektorat: Helga Zoglmann
Umschlagentwurf: Brigitte Strobele
Herstellung: Ueberreuter Buchproduktion, Korneuburg

ISBN- 3-900436-56-8

Inhaltsverzeichnis

Vorwort

Letztendlich ist dieses Buch das Ergebnis längerer Gespräche zwischen zwei Überlebenden des Zweiten Weltkrieges und Zeugen des Kalten Krieges. Zweier Köpfe, die in der Zeit, als der österreichische Staatsvertrag zustande kam, und in den Jahren danach gelernt haben, die politische Urteilskraft des jeweils anderen zu schätzen. Fritz Molden und der Autor tauschten in den 50er Jahren ihre Meinungen über internationale Politik aus. Etwa zu einer Zeit, als der österreichische Staatssekretär und spätere Außenminister Bruno Kreisky jungen amerikanischen Diplomaten zu erklären versuchte, daß „die amerikanische Politik gegenüber China verrückt" sei. Fritz Moldens Ansichten waren nicht so brüsk, aber seine Bereitschaft, unter Verzicht auf jegliche diplomatische Finessen zu erklären, was er von der amerikanischen Außenpolitik hielt, war hilfreich. Beamte des US-Nachrichtendienstes aus der Generation des Autors waren damals in der heute oft merkwürdig erscheinenden Idee befangen, sie seien nach Europa entsandt worden, um zuzuhören.
Zur Kurt Waldheim-Affäre kam der Autor wie die Jungfrau zum Kinde. Aus Interesse an der Sache versuchte er

zunächst, die vielen populären, aber leider häufig völlig falschen amerikanischen Ansichten über den ihm persönlich nicht bekannten österreichischen Bundespräsidenten zu korrigieren. Leider zumeist vergeblich. Kein amerikanischer Redakteur wollte eine solche Revision akzeptieren. Die meisten waren nicht einmal bereit, über die Sache zu diskutieren. Und kein Herausgeber war willens, eine Figur, die so total durch die Medien angeschwärzt worden war, zu verteidigen.

Zur Zeit, als die Positionierung Kurt Waldheims im Dritten Reich zu einer Zwangsvorstellung der internationalen Presse geworden war, suchte der eben in den Ruhestand gegangene Autor nach einer interessanten Aufgabe. Fritz Molden war damals gerade auf Ersuchen des Wiener Außenministeriums dabei, einem wachsenden, immer skeptischer werdenden Kreis von Redakteuren rund um die Welt auseinanderzusetzen, wie und was Österreich wirklich sei. Übrigens mit ähnlich geringem Erfolg wie der Autor. Als Molden auch nach Washington kam, tauschten wir unsere Ansichten aus und überlegten, wie man in den USA die Waldheim-Geschichte überhaupt erklären könne. Kein leichtes Vorhaben in einem Land, in dem so tief verwurzelte Ansichten hinsichtlich der schrecklichen Herrschaftsjahre Hitlers bestehen.

Fast zehn Jahre später, im November 1996, kam Fritz Molden aus völlig anderem Anlaß wieder nach Washington und meinte: „Warum schreibst du nicht ein Buch über die Waldheim-Affäre aus deiner amerikanischen

Sicht?“ Er war inzwischen wieder als Verleger tätig und durchaus in der Lage, die Hoffnung des Autors zu bestärken, daß seine jahrelange Beschäftigung mit der Causa Waldheim doch Sinn gehabt haben könnte. Die Erlebnisse und Erfahrungen des Autors während seiner Recherchen waren bemerkenswert genug, um sie einer größeren Öffentlichkeit zugänglich machen zu wollen.

Potomac, Maryland
J. R. M.
August 1997

Lernen Sie den Berichterstatter kennen

Vor einem Jahrhundert war Dodge City ein wirtschaftliches Zentrum und die Kopfstation der Eisenbahn im amerikanischen Westen, der damals wirklich noch ein „Wilder Westen“ war. Dodge City war bekannt als eine Stadt ohne Gnade, wo Lebensläufe plötzlich endeten. Verlierer konnten sehr wohl den höchsten Preis bezahlen und wurden nicht einmal betrauert. Hat man einen Sinn für geschichtliche Entwicklung, so kann man sich das Washington von heute sehr wohl als ein „Dodge City" der internationalen Politik vorstellen, einer Stadt, die darum ringt, ihre Verantwortung in der Weltordnung zu erkennen und auch zu übernehmen, während sie mit den üblichen inneren politischen Schwierigkeiten einer großen Kommune zu kämpfen hat.

Weltbürger, die Ordnung und Fortschritt schätzen, werden instinktiv – wenn vielleicht auch nicht in den Einzelheiten – verstehen, daß Washington heute tatsächlich einen solchen Charakter aufweist: nicht immer, aber doch mit einer gewissen Regelmäßigkeit. Die Vereinigten Staaten waren von ihren Gründern zur Regelung ihrer inneren Angelegenheiten ausgezeichnet ausgestattet worden, aber die Beziehungen mit der übrigen Welt nahmen erst in unserer Zeit imperialistische Dimensionen an. Die Hauptstadt Amerikas bleibt insbesondere für jene, die von der amerikanischen Außenpolitik abhängig sind, eine Stadt der Überraschungen.

Im Gefolge des Zweiten Weltkrieges hat Amerika seine Bindungen an den Isolationismus gelöst, nicht aus freiem Willen, sondern der Herausforderung Folge leistend. Dem entsprach auch die öffentliche Meinung, die von einer verhältnismäßig kleinen Gruppe von Männern gelenkt wurde, die man seither häufig „Weise" zu nennen pflegt. Der Führer dieser Gruppe war ein Politiker namens Harry Truman.

In der Zeit zwischen der Ära Truman und dem Heute haben die Vereinigten Staaten darum gekämpft, ihre ständig wachsende Rolle in der Welt zu definieren. Sie haben sowohl den Glanz des Erfolges als auch manche Demütigungen erfahren, die sie sich bis heute nicht erklären können. Jedenfalls hat Washington an dem Bündnis mit Europa festgehalten, das für den Kriegseintritt Amerikas entscheidend war, und diese Allianz wurde, wenn auch in einer veränderten Form, zur Zentralstrategie der Außenpolitik in den Jahrzehnten des Kalten Krieges. Als diese Rivalität gegenüber dem Osten zu Ende ging, war es nach Jahren eines keineswegs zielführenden Disputs offenkundig, daß Amerikas vermeintlich erkannte Gegenspieler zusammengebrochen waren, freilich in der Hauptsache aufgrund ihrer eigenen internen Probleme.

Washington hat es verstanden, sich dabei irgendwie aus der Patsche zu ziehen.

Fünfzig Jahre internationaler Erfahrung haben Amerika eine umfangreiche und immer lauter werdende Gruppe scharfzüngiger Ratgeber beschert, deren Mitglieder den Bürgern und ihren Repräsentanten regelmäßig Vorlesungen über auswärtige Politik halten. In dieser Periode haben auch die starken Streitkräfte (US-Armed Forces) ihren Standort gefunden ebenso wie verschiedene Institutionen der Diplomatie und der Forschung über Amerikas internationale Probleme. Bollwerke also für eine Nation, welche die internationale Führungsrolle anstrebt. Aber die Vereinigten Staaten bieten keineswegs das Bild einer Weltmacht, die so ruhig und so gesichert wäre, daß sie auch anderen ein solches Gefühl der Sicherheit vermitteln könnte. Auch hat die Regierung in Washington in diesen turbulenten Jahren nicht gelernt, die außenpolitischen Interessen von den Streitigkeiten und Diskussionen der Innenpolitik klar zu unterscheiden.

So scheint es zumindest mir (also dem Berichterstatter oder Autor dieser Ausführungen), einem pensionierten, älteren Beamten des Nachrichtendienstes. Die dargebotene Skizze meiner „Weltanschauung" zeigt einen Skeptiker gegenüber der Weisheit der Allgemeinheit und einen lebenslangen demokratischen Kritiker des Isolationismus, der die meiste Zeit seiner Karriere für die amerikanische Regierung in Europa gearbeitet hat, einschließlich fünf Jahren in Wien. Um Informationen und Berichte richtig einschätzen zu können, scheint es mir wesentlich, daß man die Quelle dieser Informationen kennt. Ein Autor, der darangeht, die komplizierten Mißverständnisse aufzuklären, die der Affäre rund um Kurt Waldheim zugrunde liegen, muß wohl mehr als nur stenographisch dargestellt werden. Wo der Autor beginnt, hat sehr viel damit zu tun, zu welchen Schluß er am Ende kam. Die Affäre rund um den früheren Generalsekretär der Vereinten Nationen und Bundespräsidenten der Republik Österreich Dr. Kurt Waldheim gelangte überhaupt erst im März 1986 dem Autor zur Kenntnis; lediglich aus professioneller Neugier begann er im April 1986 einen Ordner mit Informationen über Waldheim anzulegen. Ende März 1986 erkannte der Autor den World Jewish Congress als betreibende Kraft in den USA. Die Berichterstattung in den Zeitungen fand bald ein breites Echo. Die Verwicklung der SPÖ in diese Affäre wurde dem Autor erst Monate später bekannt. Weil diese Affäre einen Teil der Welt betraf, den er gut kannte, beschloß er, der Sache näher auf den Grund zu gehen. Man beschuldigte ihn, nationalsozialistischen Organisationen angehört zu haben und ferner als Offizier im Zweiten Weltkrieg auf dem Balkan an Kriegsverbrechen mitschuldig gewesen zu sein.

Ein Beamter des Nachrichtendienstes in Pension ist wie ein Schiff ohne Segel. Um Stillstand oder ein Driften zu vermeiden, ist er gezwungen, sorgfältig die Berichte der Medien über seine speziellen Wissensgebiete zu verfolgen. Er muß Briefe an Journalisten schreiben, an Herausgeber von Zeitungen, sich mit früheren Kollegen über das Geschehen in der Welt beraten. Ein Beispiel für vieles: Der Autor war als Pensionist nun nicht mehr in der Lage, Unterlagen aus dem „Berliner Dokumenten-Zentrum" (BDC), wo sämtliche Akten, auch die gesamten Personalakten aus der nationalsozialistischen Zeit des Großdeutschen Reiches archiviert sind, in Anspruch zu nehmen. Aber der Autor konnte sich an Frau Lucy Petersen wenden, die durch mehrere Jahre Chef dieses Berliner Dokumenten-Zentrums war, und sie um eine Erklärung bitten, was sich in der Sache Waldheim eigentlich abspiele. Lucy lud den Autor im ländlichen, an Washington grenzenden Virginia zum Tee ein und erklärte ihm die Stärken, Schwächen und Grenzen des Büros des Berliner Dokumenten-Zentrums. Am Ende des Nachmittags gab sie ihm liebenswürdigerweise und völlig überraschend eine Erklärung: „Auch mir schien die Waldheim-Geschichte merkwürdig zu sein. Ich habe daher eine Mappe mit Ausschnitten angelegt. Es scheint mir, daß du mehr an dieser Angelegenheit interessiert bist als ich, so lade ich dich ein, diesen meinen Akt durchzusehen und auch alle Berichte, die du dort findest, mitzunehmen, soweit du sie für nützlich hältst."

Als eine recht zweifelhafte Geschichte über die Kriegsaktivitäten Kurt Waldheims 1988 in einer Lokalzeitung erschien, rief ich einen Pressesprecher des US-Justizministeriums an, der in dem Bericht als Quelle genannt worden war. Die Zeitungsartikel bezogen sich auf ein

Dokument des Oberkommandos der Wehrmacht auf dem Balkan, und ich bat den Sprecher, mir eine Kopie dieses Dokuments zur Verfügung zu stellen. Er lehnte ab. Weitere Fragen versetzten ihn in einen hörbaren Zustand der Nervosität. Schließlich schrie er mich an: „Warum versuchen Sie es nicht in den National Archives?" In anderen Worten, „Bitte, belästigen Sie jemand anderen." Das war gar kein so unvernünftiger Vorschlag. In den Archiven traf ich alsbald einen Bekannten, der ein Fachmann für deutsche Angelegenheiten war. Wir fanden sehr bald heraus, nach welchem Dokument ich suchen mußte, und er wies mich an einen Assistenten, der mir auch anbot, mir eine Kopie des Dokuments mit der Post zuzusenden. Ohne die Hilfe solcher früherer Kollegen aus dem Deutschland-Ressort, die alle auch an meinen Untersuchungen interessiert waren und ihnen wohlgesinnt gegenüberstanden, wären die inoffiziellen Bemühungen des Autors noch viel schwieriger gewesen.

Der Unterstützung durch die „Germanisten" entsprach an Informationswert nur das Wissen einer Anzahl von in Wien geborener Freunde meines Alters. Meine Freunde und Bekannten, die Österreich in den dreißiger Jahren hatten verlassen müssen, taten dies, weil sie jüdischen Glaubens oder nicht bereit waren, von den Nazis beurteilen zu lassen, in welchem Grade sie jüdischer Abstammung seien. Viele von ihnen haben dann während oder nach dem Krieg in den US-Streitkräften gedient oder auch für unser Land diplomatisch gearbeitet. Aber jene, die ich am besten kannte, waren Nachrichtenoffiziere, die ich in Europa getroffen habe. Auch sie waren bereits in Pension, verfolgten aber auch weiterhin die Ereignisse in Österreich sowohl in den Zeitungen als auch durch persönliche Verbindungen. Fragen über das Dritte Reich interessierten sie naturgemäß ganz besonders. Sie haben mir sehr nützliche Hinweise zu Fragen, wie etwa dem Ruf der Waldheim-Familie in ihrer Heimat, zur Verfügung gestellt. Diese gebürtigen Österreicher waren besonders hilfreich, weil sie im großen und ganzen weit skeptischer hinsichtlich des in der amerikanischen Öffentlichkeit bestehenden Bildes des österreichischen Präsidenten waren und sind als etwa die große Mehrheit ihrer US-Mitbürger.

Als wir an einem angenehmen Sommernachmittag bei Drinks zusammensaßen, überraschte mich einer dieser Freunde durch seine Erwiderung auf meine Beschwerden, wie unverläßlich doch die Medienberichterstattung in Amerika sei. Er sagte: „Ich verstehe, was du meinst. Was wir aus den Zeitungen über Kurt Waldheim vorgesetzt bekommen, ist zu einem sehr großem Ausmaß inkorrekt. Ich finde das völlig plausibel, aber es regt mich nicht weiter auf. Worum es geht, ist, daß sie doch den richtigen Mann gefunden haben." Da ich die Quelle dieser Bemerkung kannte, interpretiere ich sie dahin, daß es keine Möglichkeit gibt, Waldheim freizusprechen. Selbst wenn der Bundespräsident von Österreich kein faschistischer Bösewicht wäre, so hätte er doch einer sein müssen. Es ist dies eine subjektive Ansicht, aber so wird er eben eingeschätzt. Dies ist die weitverbreitete Meinung, die ich in den USA hörte. Viele Leute schienen fest daran zu glauben, daß Kurt Waldheim schuldig war. Wessen er schuldig war, das war von zweitrangiger Bedeutung.

Der Leser sollte auch wissen, daß meine Anschauung über die moderne österreichische Geschichte sich weitgehend von jener unterscheidet, die etwa junge amerikanische Reporter haben oder auch eher ältere Leitartikelschreiber, die Kommentare über Österreich, inspiriert durch die Geschichte Waldheims, verfassen. Wenn die Medien über den Anschluß sprechen, dann steht das Bild der begeisterten Menschenmassen, die Adolf Hitler auf dem Heldenplatz in Wien zujubeln, im Vordergrund. Der Standpunkt des Autors hingegen lautet, daß der Anschluß durch einen Handstreich Adolf Hitlers erzwungen worden war, mit dem Ziel, eine Volksabstimmung eben über diesen Anschluß an Deutschland zu verhindern, deren Ergebnis sich gegen die Nationalsozialisten gerichtet hätte.

Wenn man Österreich für ein Land hält, in dem starke nationalsozialistische Gefühle bestehen – und manche amerikanische Journalisten und Schriftsteller haben eben dies angedeutet –, dann sind nicht nur die konstanten Anschuldigungen gegen Kurt Waldheim durchaus legitim, sondern die österreichische „pronazistische Einstellung“ scheint auch für viele Amerikaner eine Notwendigkeit zu sein, um sich das ganze „Waldheim-Syndrom" erklären zu können. Man muß freilich hier hinzufügen, daß die

Vorstellung, Österreich sei ein Glutnest des Neonazismus, keineswegs der allgemeinen Meinung in Amerika entspricht. Sie existiert eigentlich nur in einem schmalen Sektor der Intellektuellen, der keineswegs notwendigerweise über viele Erfahrungen bezüglich der jüngsten Geschichte Österreichs verfügt. Die allgemeine Meinung, die man ja nur einschätzen kann, liegt nicht sehr weit entfernt von jener kurzen Beschreibung durch Helmut Qualtinger, wonach Österreich „Europas Disney Land" sei, mit freundlichen Bergbewohnern, die auf alpinen Wiesen jodeln. Das ist das Bild, das die meisten Amerikaner zutreffend finden. „The Sound of Music" war in meinem Land außerordentlich populär („The Sound of Music" ist eine Musical-Show der Familie Trapp aus einem Tiroler Grafengeschlecht, die besonders in den USA mit Konzerten, im Radio und im Fernsehen außerordentlich erfolgreich war.)

Eines der Motive für meine Anteilnahme an der Auseinandersetzung rund um den früheren österreichischen Bundespräsidenten besteht darin, daß ich mein Leben damit zugebracht habe, Informationen und Nachrichten über Politik in den deutschsprachigen Ländern Europas zu sammeln und zu beurteilen. Reporter lieben dieses Thema, das viel Anklang bei der Leserschaft findet. So ist es mir zur Gewohnheit geworden, Berichte über den Nationalsozialismus oder sein Wiederaufleben zu studieren. Der Kampf gegen das Dritte Reich ist der weitaus wichtigste „Kreuzzug", den die Vereinigten Staaten in diesem Jahrhundert unternommen haben. Alles, was diesen Sieg wieder in Erinnerung ruft oder auch andeutet, daß die Besiegung der Nazis sich als nicht endgültig herausstellen könnte, ist von Interesse. Siegernationen, vor allem wenn wie im Zweiten Weltkrieg eine gewaltige allgemeine Mobilisierung für den Sieg dazu notwendig war, haben Schwierigkeiten anzuerkennen, daß der frühere Feind seine Niederlage mit Anstand akzeptiert. Diese Ansicht wird dann auch an die nächste Generation von Journalisten weitergegeben.

Die Schwindelgeschichten rund um die angeblichen Tagebücher Hitlers haben einige Monate nach meiner Pensionierung die internationale Presse in Aufregung versetzt. Auch ich war an den ersten Berichten, die einige Einzelheiten darüber enthielten, wie die Tagebücher entdeckt worden waren, sehr interessiert. Das veranlaßte mich, meinen Freund James O'Donnell, der ein Buch über die letzte Lebensepoche Hitlers in Berlin geschrieben hatte, zu alarmieren. Diesem trug ich nun die Möglichkeit vor, daß sein Buch eine Quelle für die Informationen gewesen sei, die man verwendet hätte, um die Legende rund um die Tagebücher Hitlers und deren Entdeckung zu spinnen. O'Donnell hatte damals einen Lehrstuhl in Boston inne und pflegte an jedem 20. April seinen Hörern eine Vorlesung über Adolf Hitler, der ja an diesem Tag seinen Geburtstag gehabt hatte, zu halten. Es stellte sich heraus, daß tatsächlich O'Donnells Buch dazu verwendet worden war, zu erklären, wie diese Tagebücher im Stall eines Bauern unweit von Leipzig gelandet waren.

Nachdem sich herausgestellt hatte, daß die Tagebücher Hitlers ein Schwindel waren, wurde mein Freund mit entsprechenden Anfragen durch die Medien bombardiert, und als er unvorsichtigerweise dem einen oder anderen dieser Fragesteller meinen Namen genannt hatte, wurde ich alsbald von Reportern heimgesucht, so von einer Journalistin, die fragte, woher ich denn wisse, daß die Tagebücher eine Fälschung seien.

Ich erklärte, dies nie behauptet zu haben, betonte aber, daß es nicht Hitlers Wesensart entsprochen habe, Tagebücher zu führen. Seine Ansichten habe er viel lieber vor großen Menschenansammlungen geäußert. Die Dame verließ mich sichtlich enttäuscht. Sie hatte gehofft, etwas über Hitler zu erfahren, das seinen und ihren Namen in ihr Magazin bringen würde. Hitler ist eben für die Medien immer noch ein explosives Thema.

Ein Motiv für dieses Buch ist der Druck, unter dem mein früherer Arbeitgeber, die Central Intelligence Agency (CIA) von seiten des Kongresses steht. Es wird ihr vorgeworfen, ihr Wissen über die angeblichen Untaten Kurt Waldheims in der NS-Zeit lange Zeit geheimgehalten zu haben.

Die Forderung nach Bekanntgabe angeblicher „Waldheim-Verbrechen" war eine weitere Episode in einem seit langem üblichen Spiel, das damit beginnt, daß entweder in einer Pressekonferenz des Kongresses oder aber in

Andeutungen und Enthüllungen einzelner Kongreßmitglieder gegenüber auflagenstarken Zeitungen Hinweise auf angebliche Fehler der CIA in diesem Zusammenhang gemacht werden. Der Aufdecker ist üblicherweise eine Art Tugendritter aus dem Kongreß, der seinen moralischen Anspruch in der Öffentlichkeit darlegt. (In Washington findet heute geradezu ein Wettlaufen nach höheren moralischen Ebenen statt, von denen man auf andere herabblicken kann.)

Nachdem einmal die tote Katze vor der Tür der CIA niedergelegt worden war, begannen nun die Journalisten über die diversen Behauptungen in Sachen Waldheim zu Gericht zu sitzen. Die Presse explodierte wie immer geradezu mit Erklärungen des Entsetzens und mit weiteren fragwürdigen Behauptungen. Dementis durch die CIA besitzen in Washington nur wenig Gewicht, obwohl es außerhalb dieser Stadt beträchtlichen Skeptizismus hinsichtlich der Meinung gibt, daß etwa die Mitglieder des Kongresses höhere moralische Standards besitzen als andere Personen, einschließlich der Beamten des Nachrichtendienstes.

Der anfängliche Versuch einer Abgeordneten aus New York, ausreichende Unterstützung durch Kongreßkollegen zu erhalten, um die CIA dazu zu zwingen, ihren berühmten Giftschrank aufzusperren, und zwar in Sachen des so sehr angefeindeten schurkischen Österreichers, schlug in jener Sitzungsperiode des Kongresses fehl. In den letzten Monaten des Jahres 1996, in denen sich der Präsidentschaftswahlkampf abspielte, wiederholte eine Abgeordnete ihre Forderung nach solchen Enthüllungen und fand nun dazu auch den Beifall der „New York Times".

Dieses fragwürdige moralinsaure Spiel könnte demnächst neu aufgeführt werden, es sei denn, irgendwelche amerikanische Autoritäten werfen einen genaueren Blick auf die traurige Geschichte der Affäre Waldheim. Vielleicht könnte es ein Ergebnis dieses Buches sein, eine Revision dieser vielfältigen Mißverständnisse herbeizuführen.

Schließlich hat dieses Buch auch einen persönlichen Grund und eine besondere Bedeutung für mich, die nicht so ohne weiteres zu erklären ist. Sie wurzelt in meinem Verständnis, wie in Amerika außenpolitische Entscheidungen gefällt werden. In den letzten Jahren meiner Tätigkeit für die CIA war es meine Aufgabe, dort zu analysieren, wo die verschiedenen Nachrichtenströme zusammenfließen und schließlich zum Ergebnis der nationalen Nachrichtenforschung werden. Diese Berichte, die aufgrund der verschiedenen Analysen erstellt werden, werden vom Präsidenten, den Spitzen seines Kabinetts und den Führern des Kongresses gelesen.

Ein wichtiger Teil der Informationen, die die Analytiker studieren, im besonderen jene Teile, die die internationale Politik betreffen, besteht auch aus Berichten, die aus allgemeinen Quellen, etwa den Medien, kommen. Angesichts der Verschiedenheit solcher zur Verfügung stehender Quellen darf man natürlich Zeitungsartikel über außenpolitische Fragen nicht ohne weiteres für bare Münze nehmen. Die Analytiker schätzen aber die Berichte mancher erfahrener Auslandskorrespondenten. Diese haben mehr Farbe als die offiziellen Berichte, und ein Journalist mit Verständnis für die Probleme des Landes, aus dem er berichtet, erfährt oft Dinge, die von Diplomaten unbemerkt bleiben. Zusätzliches Gewicht kommt diesen Berichten aus dem Ausland zu, weil sie in den wichtigsten inländischen Medien veröffentlicht werden, und das ist, was die Bürger lesen. Kann es dem Analytiker aber gelingen, seine Berichte und die daraus folgernden Erkenntnisse dem Präsidenten, seinen wichtigsten Mitarbeitern, den Spitzen des Kongresses und den Stabschefs der Streitkräfte überhaupt plausibel zu machen, wenn dieser erlauchte Kreis häufig genau das Gegenteil in den Zeitungen liest und im Fernsehen sieht?

Die Antwort auf diese Frage, die für die Analytiker in den letzten Jahren meiner Berufslaufbahn von immer größerer Bedeutung wurde, lautet, daß es eben keine einfache Antwort gibt. Viele Faktoren bestimmen, was erreicht werden kann, um den entscheidenden Spezialisten der Außenpolitik der Vereinigten Staaten entsprechende Einsichten zu verschaffen. Leser, die an den Konsequenzen der aus dem zweifelhaften Bild, das von Kurt Waldheim in den USA besteht, entstandenen verwirrenden Situation interessiert sind, werden teilweise Antworten auf diese Fragen in den nächsten Kapiteln finden. Aber Amerikaner sind nicht naiv, und US-Kommentatoren, die dies schreiben, bekommen leicht Schwierigkeiten. Amerikaner sind jedoch sentimental und lieben es, „Verlierern" (wie dem moslemischen Bevölkerungsanteil in Bosnien) zu Hilfe zu eilen. Außenpolitik aus Gefühlsgründen aber ist gefährlich.

Wenn in den wichtigsten Zeitungen des Landes sehr einheitlich dasselbe über eine auswärtige Angelegenheit gesagt wird, so wird die Regierung dieser allgemeinen Interpretation entsprechen, es sei denn, es würden bessere Informationen vorliegen, und ihre Berater wären imstande, diese auch an entsprechendem Ort vorzutragen. Als wir Nachrichtenoffiziere jung waren, schmeichelte sich unsere Generation damit, daß wir imstande seien, zwischen den Ansichten des naiven Amerika und den Realitäten der Welt eine Brücke zu schlagen. Diese Erwartungen haben sich schon früher abgeschwächt, den Glauben an diese Fähigkeit aber haben die meisten wohl endgültig verloren, als die Katastrophe mit Vietnam passierte.

Amerika war, als es noch isolationistischer gesinnt war, ein Land, in dem man leichter Informationen über das Ausland an den Mann bringen konnte, welchen Wert sie auch immer haben mochten. Isolationistisch denkende Bürger waren deshalb nicht fremdenfeindlich, zumindest in der Regel nicht. Sie befolgten nur den Rat George Washingtons, sich aus den außenpolitischen Verwicklungen herauszuhalten. Als ich in den fünfziger Jahren aus Europa zurückkehrte, fand ich mich durchaus willkommen geheißen und in den höchsten Ämtern auch angehört. In den achtziger Jahren dagegen schien jeder Mann in Washington seine eigenen Erkenntnisse über die Welt zu besitzen, und ich machte die Erfahrung, daß man mir sagte, was ich über Deutschland zu schreiben hätte. Diese „Weisungen" kamen von Personen, deren einzige Qualifikation, mir solche Vorschläge zu machen, ihr Rang war.

Damals ist mir zum ersten Mal der Gedanke gekommen, daß durch den Druck einer populistischen öffentlichen Meinung die ganze Kraft Amerikas unkontrolliert in Bewegung gesetzt würde. Das Ausmaß, in dem dies geschehen sein mag, als Präsident Lyndon Johnson seine – innenpolitisch gesehen – unvermeidliche Entscheidung traf, in Vietnam zu kämpfen, wäre wohl eine wissenschaftliche Untersuchung wert. Jedenfalls verfolgt mich die Vorstellung, daß eine Demokratie, die auf der Grundlage militanter öffentlicher Unwissenheit handelt, zu einer Mobokratie, also zur Pöbelherrschaft wird, bis in den Schlaf.

Dies sollte genügen, um den Autor und die Gründe für die Inangriffnahme dieses Projektes vorzustellen. Was folgt, ist sowohl eine Erklärung, wie das Mißverständnis über Kurt Waldheim zustande kam, basierend auf den besten für den Bürger zugänglichen Quellen, als auch übermäßig starke Neugierde und ein gewisses Hintergrundwissen meinerseits über die Politik in Österreich wie auch in Washington.

Dies ist keine wissenschaftliche Arbeit, sondern lediglich eine vielleicht etwas weitschweifige, aber hoffentlich dennoch allgemeinverständliche Untersuchung der Affäre Waldheim. Sie beruht auf meinen möglichst gewissenhaften Recherchen. Hinzu füge ich meine diesen Analysen entsprechende Meinung. Im Text werde ich nach Möglichkeit auf das Nennen von Namen verzichten. Ich habe keine persönlichen Streitigkeiten auszutragen. Aktionen, die beschrieben werden und die man als Fehlverhalten klassifizieren könnte, werden nur ihres instruktiven Wertes wegen dargestellt, keineswegs in der Meinung, daß eine Beschuldigung nötig wäre oder erfolgen wird.

Die Presse als Richter

Die Vereinigten Staaten sind zwar aus dem Zweiten Weltkrieg als eine Weltmacht hervorgegangen, aber ihre Bürger und Wähler sind keineswegs darauf aus gewesen, nun etwas über internationale Angelegenheiten zu erfahren. Jedoch bestanden wichtige Elemente dieser Wählerschaft aus jungen Menschen, die im Krieg in den Streitkräften gedient hatten und politisch zu denken vermochten. Ferner gab es in Washington eine wachsende Gruppe von Strategen oder doch zumindest Leuten, die sich für Strategen hielten. Dazu kamen Gruppen der Bevölkerung, die durch Herkunft enge Bindungen an Europa hatten. Sie alle verschafften Harry Truman die Durchschlagskraft, um seine neue Politik des internationalen Engagements durchzusetzen. Ganz allgemein anerkannte Amerika 1945, daß die Rückkehr zum Isolationismus und der Rückzug der USA aus der Weltpolitik nach dem Ersten Weltkrieg falsch gewesen waren. In den Redaktionen der amerikanischen Zeitungen gab es jedoch keineswegs eine gesteigerte Nachfrage nach mehr oder eingehenderen Informationen über die internationale Politik. So erklärte der Chefredakteur der Zeitung meiner Heimatstadt in

Kentucky im Jahr 1947 das Problem: „Mein Eindruck ist, daß die Veteranen dieses Krieges glauben, das Land und die Regierung müßten eine aktivere Rolle in der internationalen Politik übernehmen. Aber die Bürger Kentuckys scheinen diese Meinung nicht zu teilen. Auch von meinen Redakteuren bekomme ich in dieser Hinsicht wenig Ermutigung. Ich tue alles, was ich kann, um Auslandsmeldungen in dieses Blatt zu bekommen, aber ich finde, daß die Nachrichten der Agenturen aus Europa für unser Publikum wenig interessant sind. Die Reaktion der Leserschaft ist überhaupt nahezu Null."

Dieser Chefredakteur, ein Internationalist, wenn wir ihn so nennen dürfen, hatte in der US-Marine in Europa während des Zweiten Weltkrieges gedient und vertrat später sein Land bei der Verwaltung des Marshall-Plans. Zu jener Zeit schien sein Urteil über das Fehlen des Interesses an Auslandsnachrichten auch zutreffend. In Europa hatte gerade eine neue Generation von Auslandskorrespondenten für die amerikanischen Medien die Berichterstattung über die verschiedenen Kriegsverbrecher-Prozesse abgeschlossen, ein Thema, das die amerikanische Leserschaft interessiert hatte. Nun suchten diese Korrespondenten nach „Geschichten für den Milchmann von Kansas City", der für die große Masse der Amerikaner steht und für den angeblich die Reporter Geschichten aus dem Ausland schreiben.

Ein an sich einfallsreicher Korrespondent jener Tage, der vorher Scherze für einen populären amerikanischen

Komiker verfaßt hatte, berichtete über ein „Internationales Jugend-Festival", veranstaltet von der „Freien Deutschen Jugend" im von den Sowjets besetzten Ostberlin, das damals noch nicht durch eine Mauer vom Westen getrennt war. Diese natürlich rein kommunistische Kundgebung hatte den Reporter verstört. Die Uniformen, die Fahnen, das militante Auftreten der organisierten Jugendgruppen veranlaßten ihn, wie folgt zu berichten: „Letzten Abend sah ich die gestiefelten Sturmabteilungsmänner unter den Linden marschieren, und ich fragte mich, wozu haben wir den letzten Krieg geführt?" Sein Sturmabteilungsmann ist natürlich ein SA-Mann. Kollegen räumten ein, daß diese Art der Nachricht den Durchschnittsamerikaner, eben „den Milchmann in Kansas City", berühren würde, aber mit der Wirklichkeit nur wenig zu tun hatte. Der Korrespondent wurde später Leitartikler – ein Beruf, in dem man Tatsachen übersehen darf, aber durch das Beeinflussen der öffentlichen Meinung belohnt wird.

Bald erfüllte sich der Wunsch des Kentucky-Chefredakteurs nach interessanten Auslandsmeldungen. In den drei westlichen Zonen Deutschlands wurde die DM eingeführt, nicht aber in der sowjetischen Zone. Stalin reagierte mit der Blockade West-Berlins. Der Kalte Krieg war nun für jedermann sichtbar, und die amerikanischen Berichterstatter in Europa brauchten sich nicht mehr den Kopf zu zerbrechen, wo sie interessante Neuigkeiten für ihre Heimatzeitungen hernehmen sollten. Nun war der

„Berlin-Airlift", die Luftbrücke nach Berlin, das Thema schlechthin und ebenso Umstände und mögliche Folgen der Abriegelung Deutschlands und Ostberlins.

Die Berichterstattung in den weitverbreiteten Zeitungen der Vereinigten Staaten zielt auf den Durchschnittsleser ab, nicht aber auf die zwar wachsende, aber kleine Minderheit von Kennern der internationalen Politik oder gar Graduierten der entsprechenden Studienrichtungen.

Möglicherweise hat sich in den vergangenen fünfzig Jahren das Niveau der amerikanischen Berichterstattung aus der übrigen Welt verbessert. Aber diese Verbesserung ist nicht meßbar. Auch sind die US-Nachrichtenagenturen heute durch viel fähigere Auslandskorrespondenten vertreten als früher. Aber die Unterordnung dieser Korrespondenten unter die Wünsche und Launen ihrer Chefredakteure, deren Interesse an der Außenpolitik nur begrenzt ist, hat sich, soweit ich das beurteilen kann, nicht verringert.

Die amerikanische Version des Verhaltens Kurt Waldheims im Dritten Reich, vor allem aber die erregendste Enthüllung, wonach sein Name auf zwei offiziellen Listen von Kriegsverbrechern aufscheint, war von Reportern zusammengestellt worden, die in den Vereinigten Staaten arbeiteten, wo die grundlegenden Tatsachen nicht so ohne weiteres nachgeprüft werden konnten. Es war im großen und ganzen eine amerikanische Geschichte, die von amerikanischen Journalisten beurteilt wurde. Der Autor hat nirgends in all diesen Berichten den Namen eines

Journalisten gefunden, der im Ruf stand, ein anerkannter Fachmann für den deutschsprachigen Raum zu sein.

Während des ersten Jahres (1986/1987) enthielten Artikel über Waldheim Hinweise darauf, daß die Kontrolle der Korrespondenten/Reporter-Berichte durch die Redaktionen sehr streng war. Informationen, die in irgendeiner Weise den österreichischen Bundespräsidenten günstig dargestellt hätten, erschienen entweder überhaupt nicht oder kaum jemals. So entstand zum Beispiel jenes Bild des Kurt Waldheim als eines Nazis, das ursprünglich aus einem Bericht aus Österreich stammte und dort sehr rasch berichtigt worden war, aber in den großen Zeitungen der USA keineswegs abgeändert worden ist. So titelte im Juni 1986 die „New York Post" den Aufmacher „SS-Schlächter zum Bundespräsidenten Österreichs gewählt". Ich befasse mich hier aber nicht mit Blättern dieses Niveaus, sondern ziehe angesehene Blätter wie „New York Times“, „Washington Post“ und als Agentur „Associated Press“ heran, bei denen ich versucht habe, Interesse an der Diskussion und Revision der Waldheim-Geschichte zu erwecken. Nach einer kurzen Zeit direkter Beschuldigungen wurde Kurt Waldheim von Redakteuren, vor allem auch von Fernsehkommentatoren, als der „angebliche Nazi" oder der „als Nazi angeklagte" Mann bezeichnet. Die Phrase „Waldheims Nazivergangenheit" war häufig zu lesen. All dies mußte in der Vorstellung der Ferneseh-Zuseher und der Zeitungsleser dazu beitragen, den Glauben aufrechtzuerhalten, daß dieser Österreicher eben wirklich ein Nationalsozialist war. Der Autor hat nie einen Amerikaner getroffen – außerhalb des Kreises seiner Freunde, die in Europa gearbeitet haben –, der nicht glauben würde, daß Kurt Waldheim ein Nazi war.

Die amerikanischen Ankläger, die den Österreicher als einen Nazi hingestellt haben, tun dies immer noch, wenn sie mit den Medien sprechen, aber sie haben diese Bezeichnung in ihren jüngsten Veröffentlichungen nicht mehr verwendet. Ich habe jedoch niemals in Zeitungen gelesen oder im Fernsehen mit angehört, daß ein amerikanischer Berichterstatter erklärt hätte, die Anklage gegen Waldheim, ein Nazi zu sein, sei falsch gewesen. Die Aufregung über die Waldheim-Geschichte in den US-Medien, vor allem ganz zu Beginn, war so groß, daß eine Information, wonach dieser Österreicher keineswegs ein Nazi gewesen war, eine sensationelle Neuigkeit hätte sein müssen.

Was die Waldheim-Geschichte auf die Titelseiten der amerikanischen Zeitungen brachte, war zweifellos Unwissenheit und Uninformiertheit der zuständigen Redaktionen. In Österreichs Öffentlichkeit wurde eifrig über die Anklagen gegen Waldheim diskutiert. Selbst der abtretende Bundespräsident Kirchschläger nahm als Jurist und ehemaliger Richter ausführlich für Waldheim Stellung. Berichte in europäischen Blättern waren geteilt, einige wie die „Frankfurter Allgemeine Zeitung" oder die „Neue Zürcher Zeitung" berichteten objektiv, viele andere übernahmen die Behauptungen der amerikanischen

Medien. In den USA nahm nur ein Artikel der sehr angesehenen Journalistin Elizabeth Pond im „Christian Science Monitor“ eine davon abweichende Stellung ein.

Pond hatte sich als Auskunftsperson an Simon Wiesenthal gewandt, ein richtiger Entschluß angesichts des ausgezeichneten und wohlverdienten Rufs, den dieser als Autorität in Angelegenheiten des Dritten Reiches genießt. Tatsächlich stellte der erfahrene Nazijäger die Qualität der amerikanischen Nachforschungen in Sachen Affäre Waldheim in Frage. Es bleibt für den Autor ein Mysterium, warum man nie mehr Simon Wiesenthal als Auskunftsperson in einem Bericht über den Fall Kurt Waldheim in einem der amerikanischen Nachrichtendienste gesehen hat. Die amerikanischen Berichterstatter meiner Generation haben Wiesenthal als einen ernsthaften und zur Zusammenarbeit mit den Medien stets bereiten, sehr gut informierten Mann gekannt, der über alles, was sich in Europa unter der Herrschaft der Nazis abgespielt hat, genau Bescheid weiß. Eine bessere Quelle wäre wohl nur sehr schwer zu finden.

Journalisten, die sachlich über Vorgänge in fremden Ländern berichten wollen, werden es vermeiden, populäre Legenden zu verwenden oder andere sentimentale Erinnerungen, die einer klaren Sicht der Tatsachen im Wege stehen könnten, in den Vordergrund zu stellen. Aber Reporter und Redakteure der auflagenstarken Zeitungen oder der populären TV-News-Shows tun oft gerade dies. Manche versuchen sogar, die Öffentlichkeit und deren Gefühle zu stimulieren, um das Interesse der Leser zu erregen und damit auch die Auflage zu steigern. Es scheint wahr zu sein, daß amerikanische Meinungsmacher gegenüber Ausländern weniger rücksichtsvoll sind als gegenüber ihren Landsleuten. Das ist mehr als nur ein Überbleibsel des Isolationismus, es widerspiegelt nationale Selbstgerechtigkeit und nationalen Stolz. Und so waren Leser und Fernsehzuschauer stolz darauf, daß junge Amerikaner imstande waren, Tatsachen über die dunkle Vergangenheit Kurt Waldheims aufzudecken, die andere nicht herausfinden konnten.

In den amerikanischen Medien wird gegenüber Nachrichten aus dem Ausland viel weniger Genauigkeit gefordert als bei amerikanischen Vorgängen. Der Grund dafür ist, daß falsche Berichterstattung im Inland sehr schnell aufgedeckt werden kann und daher sehr wohl mit Vergeltungsmaßnahmen zu rechnen ist, etwa mit Schadenersatzklagen. In Amerika wird im allgemeinen bei Nachrichten und Artikeln ein lebhafter, bunter Stil bevorzugt und den Tatsachen weniger Raum eingeräumt. Das betrifft sowohl die Medien-Stars als auch Spitzenpersönlichkeiten aller Sparten. So ist der Begriff „Infotainment", eine Mischung aus Information und Entertainment, also Unterhaltung, als Bezeichnung für eine solche Art der Berichterstattung geschaffen worden. Damit ist aber gleichzeitig auch unglückseligerweise gesagt, was wirklich entscheidend für die Veröffentlichung der Dinge ist: Der Unterhaltungswert für den Leser und Zuschauer wird als weit wichtiger eingeschätzt als die Genauigkeit einer Nachricht oder eines Berichtes.

Um den Wert der Nachricht und der Neuigkeit im Fall Kurt Waldheims beurteilen zu können, ist es notwendig darzulegen, wie sehr ein solches „Infotainment" amerikanischen Redakteuren dabei gelegen gekommen ist. Sie haben es zweifellos weit höher geschätzt als die nüchternen Tatsachen.

In der amerikanischen Massenpresse und in Radio und Fernsehen ist die Berichterstattung über Naziverbrechen fünfzig Jahre hindurch sehr in Mode gewesen. Sie hat stets die gesamte Leser-, Zuhörer- und Zuseherschaft sehr befriedigt, niemanden gekränkt und den glorreichen Sieg unseres Landes über das böse Dritte Reich in Erinnerung gehalten. Beim gegenwärtigen Stand der Entwicklung könnte man sehr wohl der Presse und der Fernsehindustrie der Vereinigten Staaten diese Haltung verzeihen, wenn sie etwa eine Universitätsstudie finanzieren würden, durch die sich die Geschichte der Naziverbrechen am Leben erhalten ließe, auch wenn es gar keine Nazis mehr gibt, die man jagen kann. In diesem Sinn mag sehr wohl die Legende über Kurt Waldheim die letzte der großen Naziverbrecher-Geschichten gewesen sein: Eine Geschichte, daß dieser Kurt Waldheim als ein bis dahin getarnter Nazi entdeckt worden ist, ein Nazi im Tarnkleid eines internationalen Friedensstifters, der er ja als Generalsekretär der Vereinten Nationen war. Sollte aber einst eine ähnliche Geschichte noch einmal geschrieben werden, dann wird sie mit höchster Wahrscheinlichkeit in der amerikanischen Presse, so wie sie zumindest derzeit arbeitet, erscheinen.

Diese Meinung über die Art amerikanischer Zeitungsberichterstattung über Vorgänge außerhalb der USA widerspiegeln im großen und ganzen die Erfahrungen, die ich mit Auslandskorrespondenten der amerikanischen Nachrichtenagenturen gemacht habe – und zwar in Europa während der Zeit, die ich dort verbracht und gearbeitet habe. Es wäre unmöglich, über dieses Thema etwas zu schreiben, ohne die Kenntnisse der Auslandskorrespondenten zu benützen. Die Berichterstatter ihrerseits benützten wiederum mich als einen Sachverständigen für Vorgänge in Österreich und Deutschland. Wenn manchmal ein Interessenkonflikt mit einem Redakteur in der Heimat entstanden war, haben die Berichterstatter das Problem mit mir diskutiert und sogar auch meinen Rat gesucht. Ein Meinungsaustausch in diesem Sinn wurde zwar von den Autoritäten in Washington und in New York keineswegs gerne gesehen, aber er war nützlich, und meine unmittelbaren Vorgesetzten waren damit einverstanden.

Im Dezember 1956 traf in Wien eine neue Welle amerikanischer Korrespondenten ein, die von ihren Redaktionen ausgesandt worden waren, um über den Volksaufstand in Ungarn zu berichten, der freilich schon von den Russen niedergeschlagen worden war. Sie hätten wohl auch über die Zurückdrängung der Sowjetmacht im östlichen Europa berichten sollen, aber das war leider nur ein Wunschtraum. Doch hatte man über dieses Thema im Verlauf der amerikanischen Präsidentschaftswahlkampagne öffentlich und wenig informiert diskutiert. Manche der am meisten fehlgeschlagenen Ideen und Pläne der amerikanischen Außenpolitik in bezug auf Ungarn lassen sich auf die Demagogie innerhalb eines Wahlkampfes zurückverfolgen.

Ich war angewiesen worden, einen neuen amerikanischen Reporter zu kontaktieren und dessen Fragen über Österreich zu beantworten. Der Berichterstatter Edgar Clark war nur in Wien neu, ansonsten war er schon seit dreißig Jahren als Reporter tätig. Er war bereits Mitarbeiter von Tageszeitungen der Ostküste, als er noch am College studierte. Bei Kriegsausbruch Freiwilliger in den britischen Streitkräften, ließ er sich zu den Amerikanern zurückversetzen, nachdem der Angriff der Japaner auf Pearl Harbor dies ermöglicht hatte.

Die amerikanische Armee verwendete Ed wieder als Berichterstatter. Er arbeitete bei den Feldzügen in Italien und Frankreich für die „Stars and Stripes", der Zeitung der US-Streitkräfte, und half dann auch die Niederlassung dieser Zeitung in Deutschland einzurichten. Nach dem Krieg wurde Ed als Korrespondent der „United Press“, einer US-Nachrichtenagentur, in Rom beschäftigt. Als der Autor Ed Clark kennenlernte, war er bereits eine Legende in den Redaktionen, und zwar weil er im Umgang streitsüchtig, aber im Berichten sehr farbenfroh war. Wer ihn kennenlernte, war gezwungen, sich für ihn zu entscheiden oder gegen ihn, und manch einer empfand Eds Gegenwart oft als große Belastung. Edgar war kurz angebunden und grob. Für Menschen, die er als Narren einschätzte, hatte er nichts übrig. Aber er und ich hatten dieselben Grunderfahrungen, waren während der großen Weltwirtschaftskrise jung gewesen und so Freunde für unser ganzes Leben geworden.

Der Grund, soviel über Ed Clark zu schreiben, liegt darin, daß er der Urheber eines großen Teils der Informationen in den nächsten Kapiteln ist. Unabhängige Beurteilung der Dinge schätzte Ed sehr hoch. Suchte er das aber in der Ausübung seines Berufs als Reporter anzuwenden, dann fühlte er sich häufig eingeengt. Es gab eben zu viele Redakteure in dieser Welt, die noch dazu vorgaben, in Bereichen Bescheid zu wissen, in denen Clark sich besser auskannte. Vielleicht spiegelte seine ruppige Natur das Mißvergnügen wider, Geld anderer annehmen zu müssen, um seine professionellen Talente zur Wirkung bringen zu können. Obgleich ein Mann von zutiefst konservativer Gesinnung, schien Ed doch alle Redakteure als „Klassenfeinde“ zu betrachten.

Ed Clark war geradezu unbändig stolz darauf, imstande zu sein, den Lesern die Vorgänge in der Welt zu erklären, was sich in der Welt abspielt. Er wollte niemals etwas anderes sein als eben ein Reporter. Keinesfalls ein Journalist. Journalisten waren gut angezogene Leute, die Gamaschen trugen und einen Spazierstock mit sich führten. Sie schrieben etwas über die Träume des Volkes, aber nichts über die Tatsachen des Lebens. Der Gedanke, daß Ed ein Redakteur hätte sein können, würde ihn gekränkt haben.

In Wien lebte das Ehepaar Clark in einer aus der späten Monarchiezeit stammenden Villa in der Sternwartestraße. Dort empfingen sie die unterschiedlichsten Gäste, die allerlei Material für interessante „News-Stories“ brachten. Eds Frau Katherine arbeitete damals für die Hearst-Presseagentur. Ed selbst repräsentierte ein amerkanisches Magazin, was nicht gerade dazu beitrug, seine Laune zu verbessern. Denn die Magazine verwendeten ihre Korrespondenten im Ausland häufig nur als Hilfskräfte für Recherchen. Im Untergeschoß der alten Villa stand nahe der Bar ein Fernschreiber, der den Außenposten Clarks in Wien mit der Redaktion des Magazins in Manhattan verband. An einem Abend, an dem es schon viel zu trinken gegeben hatte, starrte Ed die Maschine böse an und sagte: „Ich betrachte sie als ein böses Monster. Man weiß nie, was es als nächstes ausspucken wird, denn die Kerle am anderen Ende leben in ihrer eigenen Welt. Sie begreifen nicht, daß in jeder Nachrichten sammelnden Organisation Autorität und Unkenntnis der Tatsachen einander direkt proportional sind."

Im Lauf der Jahre bin ich zu der Erkenntnis gekommen, daß Clarks „Gesetz von der redaktionellen Fehlerhaftigkeit" eine Erklärung über die Grenzen der menschlichen Organisationsmöglichkeiten ist. Nichtsdestoweniger besitzt es Gültigkeit, selbst im Geschäft der Spionage. Vor nicht allzulanger Zeit machte die CIA eine interne Moralkrise durch, verursacht durch ein zweifelhaftes Ergebnis der damaligen Aufklärung; der Bericht wurde – vorbei an den Analytikern – den höheren Stellen vorgelegt, um den Chefs der CIA und den Spitzenleuten in der Regierung eine Freude zu bereiten.

Das Thema war die versuchte Ermordung des Papstes Johannes Paul II. durch den Türken Ali Agca. Mächtige Persönlichkeiten in Washington glaubten, daß die Sowjets hinter dieser Aktion standen, obwohl die meisten Analytiker sich dessen bewußt waren, daß es keine überzeugenden Beweise für eine solche Urheberschaft des Attentates durch Moskau gab. Um die Unruhe im „gemeinen Volk" zu besänftigen, gestattete die CIA im nachhinein einem ausgesuchten Team von vertrauenswürdigen Analytikern, die Geschichte des Mordversuches genau zu studieren. Neben anderen Erkenntnissen entdeckte das Team, daß, je höher man auf der Leiter der CIA aufstieg, immer mehr Spitzenbeamte schattenhafte Figuren der sowjetischer Agenten hinter dem verrückten Türken zu erblicken glaubten und daher die Tatsachen des Falles immer weniger verstanden wurden. Das Sammeln von Informationen ist ein faszinierendes Geschäft für jene, die lernen wollen, wie die Welt wirklich ist. Aber Nachrichten in der Befehlskette aufwärts zu befördern, wenn es darum geht, die höchsten Autoritäten zu informieren, das kann ein weitaus schwierigeres Geschäft werden.

Naziverbrecher und andere Legenden

Das Verlöschen des rotgoldenen Leuchtens über dem westlichen Wienerwald kündete den Beginn des Abends an. In der Villa in der Sternwartestraße wurden die Lampen angedreht, dort mixte Ed Clark – eine Zeremonie – jeden Freitagabend die Martinis für einen kleinen Kreis seiner Freunde. Die harrten erwartungsvoll ihrer Gläser und hörten den Kommentaren Eds über die Neuigkeiten der Woche zu. Er warnte wie stets seine Kollegen davor, jemals einen Fernschreiber in ihre Häuser zu lassen.

„Diese verdammte Maschine hat mich am Mittwoch um drei Uhr morgens mit der Nachricht aufgeweckt, daß die niederländische Königin Wilhelmine ihre Winterferien in Sankt Anton in Tirol verbringt. Als die Königin in Sankt Anton ankam, überreichte ihr eine Gruppe von Schulkindern als Begrüßungsgeschenk ein Ferkel und sang dazu ein Lied. Die Königin versprach, dem Schweinchen einen Namen zu geben. Meine Aufgabe war es nun, den Namen dieses Schweinchens zu eruieren und ihn vor Redaktionsschluß nach New York durchzugeben."

Ed Clark hatte zwanzig Stunden Zeit für seine Recherchen. Er rief einen Mitarbeiter an, der in Innsbruck lebte, und überredete ihn, nach Sankt Anton zu fahren und einen Sprecher der Königin aufzusuchen. Dem Mitarbeiter gelang es auch, den Namen des Schweinchens von dem Sprecher zu erfahren, und so wurde der Name per Telefon nach Wien zu Ed weitergegeben. Er konnte nun diese wichtigen Neuigkeiten nach New York weiterleiten, sogar noch einige Stunden vor Redaktionsschluß. Der Erzähler schien zufrieden, daß er diese Aufgabe wirklich bewältigt hatte.

Die meisten von uns wären damit zufrieden gewesen, die Hintergründe zu der Geschichte Eds über das Schweinchen zu überlegen. Aber es gab einen Reporter unter den Anwesenden, der der Meinung war, es sei doch viel Lärm um nichts gewesen. Er sagte: „Und warum hast du nicht einfach einen Namen für das Schwein erfunden?"

Dies führte nun die erste Lektion über die Bewertung von Nachrichten herbei, die der Autor jemals von Ed gehört hatte, aber es sollte nicht die letzte bleiben.

Der Gastgeber wurde recht grob: „Ihr versteht mein Geschäft nicht. Genauigkeit in Nebensächlichkeiten ist die beste Arbeit, die wir leisten. Es suggeriert dem Durchschnittsleser, daß wir alles über alles in Erfahrung bringen können. Wenn etwa morgen die österreichische Regierung gestürzt werden sollte und ich aus irgendeinen Grund versäumt hätte, darüber zu berichten, dann würde mein Brotgeber nicht besonders verärgert sein. Diese Kerle in New York können Österreich kaum auf der Karte finden. Hätten sie mich aber erwischt, wie ich sie mit dem Namen des Schweinchens betrüge, dann hätte mich nichts mehr retten können."

Ed Clark hat eine Art, solche Ansichten von sich zu geben, die unerfahrene Zuhörer unsicher machte, ob er es nun wirklich so meint oder nicht. Manche Gäste dachten, er sei nur einfach verärgert und wolle seine persönliche Frustration auf diese Weise abreagieren. Aber seine Freunde wußten, daß er genau das meinte, was er sagte. Solche Ausbrüche gaben Ed die Möglichkeit, sich über viele Gebiete menschlichen Verhaltens kritisch zu äußern, im besonderen aber bezüglich seines eigenen Berufs als Journalist. Und viele der Freunde Eds waren Berufskollegen, die zumindest im stillen mit ihm sympathisierten, denn auch sie hatten mit amerikanischen Chefredakteuren zu tun, die sie sich nicht ausgesucht hatten. Lieblingsthema Eds war die Aufklärung über die Realität des Nachrichtengeschäfts. Die Tiefe seiner Enttäuschung war durchaus echt. Er wußte aber auch, daß ein Kompromiß mit der Redaktionslinie, die er ablehnte, ein Teil des Spiels war. Ed war auch nicht erhaben darüber, einer Geschichte, wenn es die Umstände erforderten, eine eigene schöpferische Farbtönung hinzuzufügen. Solange ich die Berichterstattung Ed Clarks aus dem deutschsprachigen Europa beobachtete, hat dieser erfahrene und sehr energische Berichterstatter niemals eine „Naziverbrecher-Geschichte" auch nur angefaßt.

Die „Naziverbrecher-Geschichte" gehört zu jenen populären Nachrichten, die in Amerika den großen Sieg über Adolf Hitlers Reich des Bösen ins Gedächtnis rufen, aber auch andeuten, daß auf die eine oder andere Weise die triumphierenden Kräfte nicht imstande gewesen seien, den Feind auch im Geiste zu besiegen. Eine solche Vorstellung war auch nach dem Ende des amerikanischen Bürgerkrieges weit verbreitet, und im Lauf der Zeit entwickelte sich das zu einem vielbelachten Scherz: „Behalte dein konföderiertes Geld, Junge. Der Süden wird sich wieder erheben."

Nach dem Sieg der alliierten Streitkräfte über das Dritte Reich bestand ein verständlicher Skeptizismus darüber, ob die Deutschen die Niederlage auch hinnehmen würden, und dies führte zu sehr interessanten Experimenten, was die Arbeit des Nachrichtendienstes, aber auch die allgemeine Recherche der Zeitungen betraf.

Während meiner Arbeit als politischer Berichterstatter der US-Militärregierung für politische Angelegenheiten war ich von der Qualität der Informationen des militärischen Nachrichtendienstes über neonazistische politische Aktivitäten außerordentlich beeindruckt. Sie waren detailliert und stammten zweifellos von jemandem, der diesen merkwürdigen embryonalen Bewegungen sehr nahe stand. Erst später, nachdem ich mich entschlossen hatte, eine Karriere im Nachrichtendienst einzuschlagen, wurden mir die Grundlagen für solche Berichte verständlich. Die alliierten Geheimdienste selber bezahlten neonazistische Politiker, die finanzielle Schwierigkeiten hatten, eine Organisation aufzubauen. Der Austausch von Informationen gegen Geld war daher für beide Seiten sinnvoll.

Bis zu einem gewissen Grad hielten also die alliierten Geheimdienste neonazistische Gruppen am Leben, beruhend auf der sehr fragwürdigen Annahme, daß, sollte der Aufbau einer nazistischen Bewegung mit wirklicher politischer Anziehungskraft schließlich doch gelingen, die Nachrichtendienste, die deren Rechnungen bis dahin bezahlt hatten, sozusagen von Anfang an mit dabei wären. Keiner der mir bekannten Neonazi-Gruppen ist es jemals gelungen, genügend Unterstützung zu gewinnen, um sich bei Landtagswahlen durchzusetzen.

Unter den vernachlässigbaren Erfolgen oder Mißerfolgen der diversen Splitterorganisationen der Neonazis gab es allerdings eine Ausnahme. Nämlich den Aufstieg des „Verbandes der Unabhängigen" bei den österreichischen Nationalratswahlen von 1949. Der VDU wurde weithin als eine Neonazipartei betrachtet, wahrscheinlich vor allem deshalb, weil in der frühen Nachkriegszeit jeder Zusammenschluß Unzufriedener erwarten konnte, einen mehr als durchschnittlichen Anteil ehemaliger Nationalsozialisten als Wähler zu erhalten. Ein Nachrichtendienstoffizier, der in Salzburg arbeitete, als der VDU – später „Freiheitliche Partei" genannt – die österreichische politische Szene betrat, teilte mir Jahre später mit, seine Kollegen hätten in der Anfangsphase das amerikanische Militär als den Geldgeber dieser Partei betrachtet. Solche Verdächtigungen erschienen damals auch in den Zeitungen, vielleicht haben sie den Anfangserfolg des VDU etwas beeinträchtigt.

Im Jahr 1953, als die nächsten Nationalratswahlen in Österreich bevorstanden, machten sich einige amerikanische politische Denker Sorgen, daß der inzwischen schon international berüchtigte VDU möglicherweise einen noch größeren Erfolg als bei der vorigen Wahl haben könnte. Daher, so dachte man dort, wäre es vielleicht von Vorteil, die Österreichische Volkspartei mit besonderen Mitteln auszustatten, in der Annahme, daß eine kraftvolle konservative Wahlkampagne die anstürmende Flut des VDU eindämmen könnte. Da sie aber keinen gangbaren Weg fanden, das Geld an den Mann zu bringen, geschah nichts. Dennoch haben die österreichischen Wähler im Jahr 1953 dem VDU eine Niederlage bereitet.

Wer noch nicht begriffen hatte, daß es im deutschsprachigen Europa um das Jahr 1950 aufgrund des Traumes der NS-Götterdämmerung von 1945 keine Neonazi-Partei geben konnte, der mußte wohl schwerfällig von Begriff sein. Freilich hätte dies in den Reihen der früheren Feinde des Reiches weit ernsthaftere Studien und auch Erfahrung vorausgesetzt. Immer noch war in den amerikanischen Redaktionen Adolf Hitler und der „Große Kreuzzug gegen das Dritte Reich" ein Nachrichtenkomplex von höchster Bedeutung. Daher bestand eine gewisse Zurückhaltung, Nachrichten über irgendwelche neonazistische Bewegungen auf ihre wirkliche Bedeutung zurückzuführen. In diesem Jahrhundert hat gewiß keine andere politische Persönlichkeit außer Adolf Hitler, nicht zuletzt gerade nach seinem apokalyptischen

Ende, einen solchen Erfolg in den amerikanischen Zeitungen gehabt und so sehr ihre Auflagen erhöht.

Ein anderer Nachrichtendienstoffizier, der gerne über seinen Beruf diskutierte, nannte dies einmal „die populäre Faszination des Bösen" und stellte fest: „Wenn morgen der Teufel auf der Erde erschiene, wäre er nicht imstande, einen Stab von Pressemitarbeitern aufzubieten, der groß genug wäre, um die Flut von Anfragen und Bitten um Interviews zu befriedigen." Das entspricht auch den Vorstellungen des Schrifstellers und Denkers George Bailey, dessen wichtigste Werke aus jener Zeit „Die Experten" (Wien 1968) und „Auf der Suche nach den Deutschen" (München 1973) gewesen sind. Zur Zeit des Kalten Krieges meinte Bailey, im Osten sei die einzige Nachricht aus dem Inland, die gebracht werden dürfe, eine gute Nachricht. Im Westen dagegen seien schlechte Nachrichten die erfolgreichsten.

Als nach dem Volksaufstand in Ungarn 1956 eine Schar amerikanischer Berichterstatter in Wien eintraf, fanden sie zwar den Zauber der Stadt sehr angenehm, aber ihre eigentliche Aufgabe, nämlich über Ungarn und Osteuropa zu berichten, nicht erfüllbar. Der Grund war einfach: Die Oststaaten erteilten keine Einreisevisa. So mußten die Reporter ihre Zeit damit zubringen, vergeblich um solche Visa anzusuchen und mit den vielen Flüchtlingen aus Ungarn, die damals in Wien und Österreich eingetroffen waren, zu sprechen. Darüber hinaus experimentierten sie mit Geschichten über Österreich selbst, wofür allerdings die Nachfrage eine begrenzte war. Ihre Redakteure in den USA brauchten zwei Jahre, bis sie begriffen, daß das östliche Europa für die absehbare Zukunft verschlossen bleiben würde. Im Jahr 1958, als ich Wien verließ, begann dort das so zahlreiche internationale Pressekorps bereits kleiner zu werden. In der Zwischenzeit entdeckten manche Berichterstatter, daß die New Yorker Redakteure Naziverbrecher-Geschichten durchaus akzeptabel fanden, auch wenn sie nicht bedeutend genug waren, um in europäischen Zeitungen zu erscheinen. Da es zu meinen Aufgaben gehörte, die Zeitungen der österreichischen Bundesländer zu beobachten, entdeckte ich bald darauf, daß amerikanische Korrespondenten mit größter Freude solche kleine Nachrichten übernahmen. Freilich nicht alle von ihnen. Ein erfahrener älterer Berichterstatter, mit dem ich über diese Fragen sprach, sagte: „Ich hatte in Wien keine solchen Probleme. Erst als ich nach Deutschland versetzt worden war, bekam ich Aufträge wie etwa ein Kind aus dem „Lebensborn-Programm" zu finden oder Adolf Hitlers Chauffeur zu interviewen."(*Anmerkung des Übersetzers: „Lebensborn" war eine Organisation der SS, mit dem Ziel, SS-Männer mit deutschen und skandinavischen Frauen zusammenzubringen, um Kinder zu zeugen, die dem nordischen Ideal der arischen Rasse entsprachen.*)

War man Berichterstatter in Deutschland, so erhielt man in der Tat häufig Aufträge für Artikel, die das Gespenst Hitlers wieder heraufbeschwören mußten, indem man ausgesuchte Einzelheiten über das Dritte Reich recherchierte. In den Jahren nach der Errichtung der Berliner Mauer war ich in Westberlin stationiert. In jener Zeit spielte sich in den amerikanischen Medien eine Geschichte ab, die geeignet war, die Gefahr eines möglichen Wiederauferstehens des Faschismus auch auf internationaler Szene zu belegen. Wie die Ereignisse rund um die Waldheim-Affäre war auch dieses Ereignis dazu gedacht, eine Wahlkampagne zu beeinflussen. Für mich diente wiederum Ed Clark als Informant.

Ed Clark war aus Wien nach Asien versetzt worden und dann über New York nach Warschau gekommen. Doch die große Aufregung rund um den Bau der Berliner Mauer hatte ihn zurück in die alte Reichshauptstadt geführt. Dort entdeckte er eine ganze Reihe von Freunden und Kollegen aus der Zeit seiner Arbeit als Kriegsberichterstatter. In den Kreis dieser Journalisten wurde auch ich eingeführt.

Im Sommer 1964 gab es auf der innenpolitischen Szene der Vereinigten Staaten eine gewisse Veränderung. Das Schwergewicht der Republikanischen Partei schien sich nach dem Westen zu verlagern. Eines der Resultate war das Auftreten von Barry Goldwater, dem Senator von Arizona, als führender republikanischer Präsidentschaftskandidat. Schon am Beginn des Wahlkampfes hatte Goldwater dem „Spiegel" ein Interview gegeben. Seine Antworten machten es deutlich, daß er nicht einer der „einfältigen östlichen Internationalisten" war. Er hätte zweifellos mit den Sowjets in der Angelegenheit des Baus der Berliner Mauer viel energischer verfahren. Daraus entstand in Amerika, ebenso wie in Europa, die Sorge, daß Goldwater – einmal im Amt – es an diplomatischer Finesse fehlen lassen könnte.

Als Goldwater sich in San Francisco aufhielt, kurz vor seiner Wahl zum Kandidaten der Republikaner für die Präsidentschaft, mußte er zu seiner Verblüffung erfahren, daß zwei sehr angesehene amerikanische Nachrichtenagenturen berichteten, er habe regelmäßig Briefe mit einem als rechtsextrem und nationalistisch bezeichneten deutschen Politiker namens Hans-Christoph Seebohm ausgetauscht. Die Geschichte war nur eine Zwei-Tage-Sensation, dann erwies sie sich als falsch; aber das genügte, um vielen US-Reportern in Deutschland, von wo ja die Goldwater-Seebohm-Geschichte ihren Ausgang genommen hatte, Rückrufe und Anfragen von ihren Redakteuren in New York zu bescheren: Warum habt ihr uns über diese bemerkenswerte Entwicklung nicht informiert?

Diese Art von Rückrufen und Anfragen war in jenen Tagen durchaus üblich. Hartgesottene Redakteure stellten sich auf den Standpunkt, ihre Reporter hätten über dieses Ereignis entweder auch oder sogar mehr berichten sollen und es auf diese Weise überhaupt erst berichtenswert machen oder aber einen entsprechenden Bericht über dasselbe Thema in eigener Regie bringen müssen, der die Ursprungs-Story widerlegte. Aber die Mitglieder der amerikanischen Presse in Deutschland waren sehr kollegial gesinnt und wollten nicht die Geschichte eines anderen verderben. Es wäre nicht nur unhöflich gewesen, sondern hätte auch die Möglichkeit bedeutet, daß der derartig in Mißkredit geratene Berichterstatter nun seinerseits Rache üben werde. Meines Wissens hat kein Korrespondent jemals die Annahmen der Redakteure in Frage gestellt, wonach die Berichterstatter alle die gleichen Voraussetzungen hätten, um Nachrichten von der deutschen politischen Bühne zu erhalten und weiterzugeben.

Die Goldwater-Seebohm-Geschichte war eine Ente. Es ist unwahrscheinlich, daß die beiden Politiker jemals dieselbe Sprache gesprochen haben. Dementis genügten, um die Geschichte abrupt zu einem Ende zu bringen, obgleich die Memoiren Goldwaters klar machen, daß er den Vorfall nicht vergessen hat. Er erklärt, mit einem Berichterstatter gesprochen zu haben, aber niemand wollte für die Erfindung der Geschichte verantwortlich sein. In Berlin hatten zwei Mitglieder aus dem Freundeskreis Ed Clarks diesen Hinterhalt, den die Medien für Goldwater bereitet hatten, als unfair und unüblich beurteilt. Sie berichteten ihren Redakteuren in Amerika, daß dieser Briefwechsel eine Erfindung sei. Diese Nachricht wurde jedoch niemals veröffentlicht, es sei denn in Gesprächen von Person zu Person.

In den Jahren 1966 und 1967 hatte eine Organisation der Unzufriedenen im Zusammenhang mit einer wirtschaftlichen Rezession in der Bundesrepublik Zulauf und erweckte dadurch die Aufmerksamkeit der internationalen

Presse. Diese Gruppierung – genannt Nationale Demokratische Partei – erhielt bei einer Reihe von Wahlen in den deutschen Bundesländern bis zu zehn Prozent der Stimmen. In der amerikanischen Presse wurde diese NDP als neonazistisch bezeichnet, teilweise weil ein früherer SS-Offizier mit ihrer Führung identifiziert wurde. Aber diese Gruppierung bot in Wirklichkeit keine Ähnlichkeit mit der NSDAP der Weimarer Republik. Damals kam ich zu dem Schluß, daß diese Partei vielleicht neonazistisch genannt wurde, weil außenpolitische Redakteure in den USA den Wiederaufstieg der Nazis erwartet hatten. Viele von ihnen hatten noch nicht begriffen, daß Adolf Hitler eben doch ein totaler Verlierer war und bei den Deutschen auch als solcher angesehen wurde, denn er war es ja gewesen, der sie in den Abgrund geführt hatte.

Es war sehr leicht, über Neonazismus aus Deutschland oder Österreich zu berichten. Verschiedene europäische Geheim- und Sicherheitsdienste berichteten über wirkliche Neonazis, studierten sie und gaben diese Informationen auch an die Auslandspresse weiter. Aber selbst die erfindungsreichsten Reporter konnten aus diesen Hinweisen, die nur sehr begrenzt für das politische Leben des Landes von Bedeutung waren, kaum einen Artikel fabrizieren, der den Wunsch der Redaktionen nach Entdeckung einer Rückkehr der Nazis befriedigt hätte. Daher wurden jene neuen Parteien, die die bisher herrschenden politischen Gruppen herausforderten, wie in Österreich der VDU, jetzt „Freiheitliche", oder in Westdeutschland die NDP, ausgewählt, um die Angst machende, schon so lange erwartete Nazi-Herausforderung auch wirklich zu erzeugen.

Es gab natürlich auch andere Möglichkeiten, Sensationsmeldungen zu fabrizieren, aber sie waren in Wirklichkeit genau so unrealistisch. Junge Leute in Deutschland oder Österreich, die meist Lederjacken trugen, ein gebrochenes Englisch sprachen und bereit waren, den Arm zum Hitler-Gruß zu erheben, bekamen ihre fünf Minuten des Ruhmes vor den Objektiven amerikanischer Fernsehkameras. Ob diese Art der Berichterstattung irgendeinen Wert hatte, hing sehr von den Kommentaren der amerikanischen Reporter ab. Die meisten von ihnen wollten solche Berichte nicht zur Sensationsmacherei benutzen, konnten aber doch der Versuchung, sie aufzunehmen oder zu berichten, nicht widerstehen. Sie wirkten ganz außerordentlich auf die Neugierde amerikanischer Zuseher. Selbst die beste derartige Berichterstattung bezog ihren Erfolg hauptsächlich vom Unterhaltungswert.

In der frühen Zeit des Aufstiegs der NDP in Deutschland erhielt ein Analytiker in Washington den Auftrag, eine Vorschau über die politische Entwicklung zu verfassen, in der unter anderem auch ausgeführt sein sollte, ob diese „Neonazipartei" imstande sein werde, bei den im Jahr 1969 bundesweit stattfindenden Parlamentswahlen die fünf Prozent der Wählerschaft auf sich zu vereinigen, die ihr den Einzug in den Bundestag ermöglichen würde. Nach vielen Diskussionen mit Managern, aber auch mit

Kollegen, die überzeugt waren, daß die NPD zu Unrecht als neonazistisch bezeichnet werde, kam man zu dem Schluß, daß eine Darlegung historischer Unterschiede zwischen „rechts" und „nazistisch" zuviel Raum beanspruchen würde. Daher erklärte der Analytiker kurzerhand, die NPD werde die fünf Prozent nicht erreichen. Leser des diesbezüglichen Berichtes waren wahrscheinlich der Ansicht, diese Beurteilung begründete sich durch die Tatsache, daß die NPD neonazistisch sei, was sie ja schon aus der Presse erfahren hatten. Diese Identifizierung der NDP mit Neonazismus war zweifelsohne in den amerikanischen Redaktionen sehr populär. Einige von ihnen haben ihre Bürochefs in Bonn aufgefordert, doch mehr solcher NPD-Geschichten nach Hause zu senden, und versprachen, daß sie dafür sehr viel Platz in den Blättern schaffen würden.

In weitaus höherem Maß hat in den Jahren 1986 und 1987 die Geschichte rund um Kurt Waldheim Eingang in die Vorstellungskraft der Amerikaner gefunden. Es gab zwar hie und da in einer Leserbriefspalte eine Erklärung des österreichischen Presseattachées oder eines amerikanischen Bürgers mit Bindungen an Österreich, in denen den Darstellungen des österreichischen Bundespräsidenten widersprochen wurde. Aber die großen Zeitungen und die Medien berichteten alle in derselben Tonart. Seit damals hat es keinen Bericht über Untaten aus der Zeit des Dritten Reiches gegeben, der an Brisanz der Waldheim-Geschichte gleichgekommen wäre. Erst der jüngste

Ausbruch internationaler Aufregung rund um das Verhältnis der Schweizer Banken zu Hitlers Drittem Reich und zu der Frage, ob sie in ihren Tresoren Gold der jüdischen Naziopfer versteckt haben, hat ähnliche Ausmaße angenommen.

Von dieser Aufregung ist in jüngster Zeit auch Österreich betroffen. Denn der Präsident des „Simon Wiesenthal-Center“ in Los Angeles, Rabbi Marvin Hier – von dem in Kapitel „Die großen Zeitungen“ noch Näheres zu berichten sein wird – hat behauptet, der Reichtum Österreichs basiere auf dem „Vermögen von Holocaust-Opfern. Das Land steht der Schweiz somit in nichts nach“. Denn, so Hier, Österreich habe 1947 aus den Goldbeständen des Dritten Reichs 33.783 Kilogramm erhalten. Österreich aber sei nie ein „Opfer“ Hitlers gewesen, denn 99 Prozent hätten 1938 für den Anschluß gestimmt. Dieses Gold sei Raubgold gewesen. Österreich solle 38 Millionen Dollar an jüdische Opfer Hitlers zurückgeben. (*Anm. d. Übers.: Österreich hat in der Tat am 6. Jänner 1946 von den Amerikanern 4.450 Kilogramm Gold aus den von den US-Streitkräften in Deutschland sichergestellten Goldbeständen erhalten. Ferner, aufgrund eines Beschlusses der Brüsseler Reparationskommission, Anfang November 1947 26.187 Kilogramm Gold. Der Grund: Schon am 17. März 1938 hatten nach dem Einmarsch der deutschen Wehrmacht in Österreich (12. März 1938) die Deutschen die gesamten Gold- und Devisenbestände der Österreichischen Nationalbank beschlagnahmt und ersatzlos nach*

Deutschland gebracht. Es waren 78.267 Kilogramm Gold (damals etwa 470 Millionen Schilling) und Devisen im Wert von damaligen 243 Millionen Schilling. Ferner hatten alle Österreicher – egal ob Juden oder Nichtjuden – 1938 alles in ihrem Besitz befindliche Gold sowie alle Devisen abliefern müssen. Umgetauscht wurde in Reichsmark. Damaliger Wert: 1250 Millionen Schilling.)

Jedoch kann die Geschichte um den angeblichen Nazikriegsverbrecher Kurt Waldheim Anspruch erheben, das große Finale dieser Art von Kriminalgeschichten aus der Nazizeit zu sein. Nichts wird ihr gleichkommen. Möglicherweise wirkte sich anfangs der Skandal um den Besuch Ronald Reagans im Jahr 1985 auf dem Kriegerfriedhof in Bitburg in Deutschland, in dem sich auch einige Gräber von SS-Gefallenen befinden, negativ aus. Die amerikanischen Medien hatten den Präsidenten wegen dieses Besuches auf das heftigste angegriffen, während sie ansonsten in ihrer Berichterstattung über den Präsidenten seine lockere Art der „Public Relations" auf das fröhlichste mitmachten.

Entgegen der allgemeinen Ansicht habe ich die Art, wie die amerikanischen Medien über den Bitburg-Zwischenfall berichteten, keineswegs berechtigt gefunden. Meiner Meinung nach muß man zwischen schwarzer SS und Waffen-SS unterscheiden. Die schwarze SS war eine politische Formation und hatte als solche unter anderem auch die Konzentrationslager bewacht. Ferner gab es das Reichssicherheitshauptamt, dem neben der schwarzen SS sämtliche Polizeikräfte unterstanden. Geführt wurden SS und Polizei von Reichsführer Heinrich Himmler, dem auch die Waffen-SS unterstand, die jedoch eine militärische Formation war und als solche auch bei den Feldzügen auf den diversen Kriegsschauplätzen dabei war. Angehörige der Waffen-SS wurden 1945 daher von den Alliierten genauso wie andere Kriegsgefangene behandelt. Andererseits hat es für die Angehörigen der schwarzen SS oder auch des Reichssicherheitshauptamtes eine automatische Haft gegeben, sobald sie in den Bereich amerikanischer Besatzungstruppen kamen. Das Reichssicherheitshauptamt war im Dritten Reich zweifelsohne das wichtigste Zentrum der nationalsozialistischen Verbrechen. Auch der sogenannte Sicherheitsdienst (SD) der SS unterstand diesem Amt, er war der gefährlichste Geheimdienst des Dritten Reiches. Die meisten meiner amerikanischen Freunde betrachten diese Unterscheidungen allerdings als Haarspalterei.

Der Vorfall von Bitburg hat zweifellos gewisse Einflüsse auf die Ereignisse rund um die Waldheim-Affäre gehabt. Da war zunächst einmal eine ganz besondere Empfindlichkeit im Weißen Haus, Ronald Reagan könnte in irgendeiner Form als der Verteidiger eines Naziverbrechers dargestellt werden. Das zweite war ein Gefühl unter den Managern der Medien, daß die Affäre als eine Erbschaft des Zweiten Weltkriegs noch immer die öffentliche Aufmerksamkeit in Amerika erwecke. Darüber zu diskutieren ist überflüssig.

Meine Bekanntschaft mit Ed Clark gab mir damals noch zusätzliche Einblicke, wie die amerikanische Berichterstattung aus dem Ausland in jenen Tagen vor sich ging. So war die sogenannte „human interest story", also etwa eine chronikale oder von menschlichem Interesse handelnde Geschichte, von Bedeutung, internationale Politik dagegen war nicht gefragt.

So gab es nach dem Bau der Berliner Mauer Probleme mit Geschichten über Menschen, die eine Flucht aus dem Osten nach dem Westen unternommen hatten. „Unternehmer" aller Art bemühten sich um das Geschäft, Freunde, Verwandte oder sonstige Personen aus Ostdeutschland herauszubringen. Dabei waren es oft Angehörige oder gutwillige Helfer, aber auch viele, die die Fluchthilfe zu einem einträglichen Beruf machten. Unmittelbar nach dem Mauerbau war die Flucht (die offizielle Bezeichnung dafür lautete „Exfiltration") noch verhältnismäßig leicht, aber die sehr starken und überaus fähigen Sicherheitsstreitkräfte der DDR kamen sehr rasch auf die Tricks, die von den „Fluchthelfern" eingesetzt wurden. So wurde es ein immer gefährlicheres Geschäft, das immer größere und größere Kapitalinvestitionen erforderte.

„Die europäischen Berichterstatter in Berlin sitzen herum und grübeln darüber nach, was die Genossen im Kreml wohl als nächstes tun werden, um die Stadt unter Druck zu setzen“, sagte Ed, „und wie London und Paris darauf reagieren werden. Aber die amerikanischen Berichterstatter, die schleichen an der Mauer entlang, schnuppern an ihr und denken darüber nach, ob sie nun in einen Fluchttunnel Geld investieren sollen, oder ob irgendein armer Bastard morgen an dieser Mauer erschossen werden wird. Weder die Europäer noch die Amerikaner können eine verläßliche Quelle für Antworten auf ihre Fragen finden." Ed selbst wurde ein sehr genauer Kenner der Besonderheiten der Mauer. Er war dafür bekannt, daß er Verlegern und Redakteuren heimischer Zeitungen – meist zu Nachtzeiten – die Mauer in eigens organisierten Besichtigungsfahrten zeigte.

Es ist eine alte amerikanische Tradition, alles, was sich als Zeitungsmeldung oder Nachricht verwenden läßt, auch in der innenpolitischen Szene einzusetzen. In Berlin wurde mir von einem Fall berichtet, der es wert scheint, hier dargestellt zu werden. Nikita Chruschtschow war als Staatschef der UdSSR und als Parteichef der KPdSU ein Mann voller Einfälle und Tatkraft. Ich zog ihm seinen Vorgänger Josef Stalin absolut vor. Dieser Chruschtschow teilte im Herbst 1962 der amerikanischen Regierung mit, er werde mit Rücksicht auf die innenpolitischen Vorgänge in den USA zunächst davon absehen, auf einer Lösung der Berlin-Probleme zu bestehen, und den Ausgang der Wahlen zum Kongreß und zum Senat abwarten. Ohne daß die meisten von uns etwas darüber wußten, entsandte der schlaue Russe seine Raketen nach Kuba. Es war dies der Anfang der sogenannten Kuba-Raketen-Krise.

Eines der nationalen amerikanischen Nachrichten-Magazine hatte indessen in Manhattan an einer Titelgeschichte gearbeitet, die zeigen sollte, wie schlecht die Politik des Präsidenten John F. Kennedy in der Berlin-Krise sei. Die Recherchen zu diesem Projekt nahmen, wie man mir erzählte, sechs Wochen in Anspruch und sollten zu dem Beweis führen, daß der Präsident sich mit einer Schar von Dilettanten aus den höchsten gesellschaftlichen Schichten umgeben habe, die buchstäblich nichts über den Rest der Welt wußten. Die Geschichte sollte eine Woche vor den Wahlen Anfang November erscheinen. Man hoffte, damit der republikanischen Partei bei der Wählerschaft zu nützen. Aber sowohl Chruschtschow als auch dieses Magazin waren gezwungen, ihre Pläne zu revidieren. Inzwischen hatten amerikanische Aufklärungsflieger die Installierung von Chruschtschows Raketen auf Kuba beobachtet und photographische Beweise dafür nach Hause gebracht. Kennedy hatte entschlossen gehandelt und mit der Drohung offensiven Vorgehens gegen Kuba die Sowjets gezwungen, ihre Raketen wieder von der Insel abzuziehen. Angesichts dieses außergewöhnlichen Erfolges der Außenpolitik des Präsidenten, der nun als nationaler Held aus dieser Krise hervorgegangen war, konnte es selbstverständlich kein Magazin und keine Zeitung wagen, ihn anzugreifen. So wanderte diese Titelgeschichte in den Papierkorb. Ed Clark erfuhr von diesen Entwicklungen, und er berichtete mir darüber mit sichtbarer Genugtuung, denn der Gedanke, daß auch Redakteure und Zeitungsherausgeber Ärgernisse haben könnten, befriedigte ihn außerordentlich.

Der Austausch von Informationen und Überlegungen mit Ed Clark endete zwar nach meinem Aufenthalt in Berlin, aber unsere Freundschaft hat sich weiterentwickelt. Ed Clark liebte es, über journalistische Scherze und erfundene Stories zu berichten, und er war dafür geradezu eine Quelle an Information.

Bei einer Party waren auch Vertreter der jüngeren Generation anwesend, und das brachte Ed immer dazu, diesen verständlich zu machen, wie die Welt in Wirklichkeit war. Sie würden dieses Wissen eines Tages brauchen, um die Welt besser verstehen zu können, als die ältere Generation es getan hat. So entschloß sich Ed nun, eine Geschichte zu berichten, von der ich meine, daß sie die beste von allen ist. An dieser Geschichte kann man erkennen, wie stark die Kraft der Legenden in der öffentlichen Berichterstattung wirkt.

Die Salvatore-Giuliani-Story oder Wer berichtigt Auslandsnachrichten?

Ed Clark sah seine Zuhörerschaft fragend an: „Kennt hier irgend jemand den Namen Salvatore Giuliano?“ Einige von uns konnten sich erinnern, daß es der Name eines Italieners war, den wir vor zwanzig Jahren in den amerikanischen Zeitungen gelesen hatten. „Das ist richtig", sagte Ed. „Er war der berühmte Robin Hood-Bandit Italiens, also der Mann, der die Reichen beraubte und die Armen beschenkte. Er wurde weithin bewundert, ja sogar auch nachgeahmt." Eds Frau Katherine warf ihm einen strengen Blick zu, so als ob sie sagen wollte: „Paß auf, was du da sagst." Aber ihr Gemahl ließ sich nicht mehr aufhalten und erklärte: „Ich will, daß ihr wißt, daß ich bei der Geburt des Salvatore Giuliano anwesend gewesen bin." Katherine murmelte: „Ach, Ed“, und dann stand sie auf und ging in die Küche.

Ed blickte ihr einen Augenblick bedauernd nach, aber dann riß er sich zusammen und kehrte zu seiner Geschichte zurück. Es war offenkundig, daß er uns ein Familiengeheimnis verriet: „Bald nach dem Krieg hat es nicht sehr viele große Geschichten aus Rom gegeben, aber wir waren immerhin durch Kriegsverbrecher-Prozesse, die einige Zeit dauerten, einigermaßen in Trab gehalten. Dann gingen wir nach Jugoslawien, um über den Prozeß, den die Tito-Regierung dem General Draza Mihajlovic machte, zu berichten. Draza Mihajlovic war ein General der jugoslawischen Armee, ein Serbe, der sich an die Spitze einer Untergrundbewegung von Freischärlern, genannt die ‚Tschetniks', gestellt hatte. Das waren königstreue Serben, meist aus den ehemaligen jugoslawischen Streitkräften, die nun gegen die Italiener und die Deutschen kämpften. Aber als die kommunistischen Partisanen unter Tito immer stärker wurden, kämpften sie auch gegen diese. Die sehr verwickelten Verhältnisse wurden dadurch noch komplizierter, daß Mihajlovics Tschetniks sich auf Verhandlungen mit den Italienern, ja sogar mit den Deutschen einließen, unter gewissen Voraussetzungen auch im Kampf gegen die Partisanen Titos mit den Deutschen und den Italienern zusammenarbeiteten. Das alles war so kompliziert und schwierig, daß es sich natürlich dem ‚Milchmann in Kansas City' nicht einfach erklären ließ. Die Berichterstattung über diesen Prozeß enthielt aber ein außerordentlich sensationelles Element, denn es war klar, daß er nur das Vorspiel zu einer Hinrichtung war.

Danach konnte man auch über Kriegsverbrecherprozesse berichten, die die Italiener in Venedig abhielten. Doch schließlich mußten wir zur Kenntnis nehmen, daß wir uns in einer Art Nachrichtenflaute befanden. Die noch am meisten geschätzten Geschichten waren solche über Räuberbanden und Banditen, denn die öffentliche Ordnung war in Italien noch keineswegs wiederhergestellt. Es gab eine Fülle von Waffen, und manche von ihnen waren von den Alliierten während des Krieges per Fallschirm an die italienischen Partisanen abgeworfen worden.

Wir taten das Bestmögliche mit diesen Banditen-Geschichten, aber es fehlte an Abwechslung, und sie wurden daher allmählich langweilig. In jenen Tagen gingen unsere Berichte über eine eigene Redaktion in London nach Amerika und dort zeigte man sich sehr bald gelangweilt von dem Thema. Sie sagten: „Oh, schon wieder eine italienische Banditen-Geschichte" und warfen sie aus dem Verteiler. So kamen wir mit unseren Berichten nicht nach Amerika. Es gab dort keine Erwähnung unserer Namen und daher auch keinen beruflichen Fortschritt.

Eines Abends diskutierte ich dieses Problem mit einem Kollegen. Er meinte: ‚Was wir brauchen, ist ein richtiger italienischer Held.' Das schien mir sinnvoll, und so debattierten wir weiter über diese Idee und beschlossen, diesen Mann Salvatore Giuliano zu nennen. Wir meinten, es wäre besser, ihn nicht allzurasch publik zu machen, daher begnügten wir uns zunächst damit, einer Räuber-Geschichte den Satz hinzuzufügen: „Dieser Raubzug wird für die Tat eines bekannten Banditen namens Salvatore Giuliano gehalten." Zunächst mußten wir dafür sorgen, daß der Name bekannt wurde, und das dauerte ein paar Monate. Aber wir wußten, daß der Plan funktionierte, denn wir bemerkten, daß andere Nachrichtendienste ebenfalls diesen Namen in ihren Berichten anführten.

Die nächste Aufgabe bestand darin, die Robin Hood-Legende in die Nachrichten einfiltern zu lassen. Natürlich gab es dafür keinerlei Möglichkeit einer Bestätigung. Und so begannen wir eine Berichterstattung über Gerüchte, wonach angeblich der bekannte Bandit einen Teil seiner Beute mit den Armen teile. Robin Hood hatte eine weit wirksamere Methode, den Reichtum mit den Armen zu teilen, als irgendein sozialistischer Theoretiker. Die Anziehungskraft einer solchen Geschichte ist seit Jahrhunderten die gleiche geblieben. Was wir nicht voraussahen war, daß die Kraft dieser Legende so stark wurde, daß innerhalb von Wochen Geschichten über diesen neuen Robin Hood-Banditen Salvatore Giuliano wie die Pilze aus dem Boden schossen. Jedermann schrieb über Giuliano, ganz besonders natürlich die Italiener, und wir hatten jede Kontrolle über die Geschichte verloren."

Nach Ansicht von Ed ist der Zeitgeist ein wichtiger Faktor bei der Aufnahme von Legenden. Die Italiener der Jahre nach 1945, geplagt von wirtschaftlichen und anderen Schwierigkeiten, konnten nur auf Zeiten des Krieges, auf politische Ärgernisse und auf Ungewißheit zurückblicken. Es gab in der Erinnerung der meisten Italiener kaum eine Zeit, in der es ihnen besonders gut gegangen wäre. Die Geschichte von Salvatore Giuliano wurde sehr bald eine faszinierende Ablenkung von den Ärgernissen des Tages. „Italiener liebten diese Geschichte", meinte

Ed. „Jeder lokale Journalist konnte über sie entsprechend seinen eigenen Einfällen schreiben. Hätten die Redakteure in New York die italienischen Berichte über Salvatore Giuliano gelesen, so wären sie wahrscheinlich angesichts der Frage, wer dieser Bandit war, völlig verwirrt worden." Die Redakteure in New York waren aber so zufrieden mit den Stories über Giuliano, daß sie sogar eigene Geschichtenschreiber nach Rom schickten, um Porträts des berühmten Gesetzlosen anfertigen zu lassen. „Diese Schreiber zufriedenzustellen, war einfach, denn wir hatten ja eine komplette Akte auf Englisch, ohne irgendwelche Widersprüche, aber auch ohne nachprüfbare Fakten." So erklärte uns Ed die Situation. Gefragt, ob er auf die von ihm geschaffene Legende stolz sei, erwiderte er: „Nun, wir haben rund um den Globus den Menschen Freude bereitet."

1950 erschien auf der ersten Seite der „New York Times" eine Geschichte, wonach Salvatore Giuliano in Sizilien von den Carabinieris verfolgt, gestellt, und da er bei seiner Verhaftung Widerstand leistete – getötet worden sei. Ed meinte, er wisse nicht, wie das passiert sei.

„Wir erfuhren, daß einige Italiener aus ganz verschiedenen Orten offenbar behaupteten, sie seien Salvatore Giuliano. Es mag sein, daß einer von diesen der Giuliano war, von dem die "New York Times“ meint, er sei erschossen worden. Aber zu der Zeit, als der Tod Giulianos gemeldet wurde, waren wir ohnedies schon so weit, daß wir die Geschichte beenden wollten. Sie war allzugroß geworden."

Als meine Pensionierung es möglich machte, verbrachte ich einige Tage in der Kongreß-Bücherei, um Berichte aus den vierziger Jahren über Salvatore Giuliano nachzulesen. Die amerikanischen Berichte widersprachen keineswegs der Erzählung von Ed Clark, vielmehr bestätigten sie ihn, und es gab sogar Hinweise, daß der Bandit von der italienischen Sicherheitspolizei durchaus ernst genommen worden war und nicht nur als Legende. Ob es – durch Zufall – einen Salvatore Giuliano wirklich gegeben hat, mit einem Geburtsschein und einem nachweisbaren Lebenslauf, könnten eigentlich nur italienische Rechercheure beantworten.

Ein Magazin aus dem Jahr 1948 enthält eine Bildgeschichte über den italienischen Räuber, die höchstwahrscheinlich von einem Photographen stammte, den Ed schon früher wegen seines unverläßlichen Charakters abgelehnt hatte. Die „Unseriosität" des Photographen werde durch die Tatsache demonstriert, daß er eine Bildgeschichte über Salvatore Giuliano verkaufte, von dem Ed doch wußte, daß dieser seine eigene höchst persönliche Erfindung gewesen war. Diese Bildgeschichte brachte natürlich keinerlei Hinweis zu Tage, wo dieser Bandit sich aufgehalten haben könnte und wie er zu identifizieren wäre. Aber natürlich leben ordentliche Banditen davon, daß sie weder lokalisierbar noch identifizierbar sind. Der Bildtext der Geschichte paßte genau zu den Berichten, wie sie von Ed Clark als Reportage geschrieben worden waren.

Als Ed die Geschichte des Salvatore Giuliano erzählte, wurde er auch gefragt, wieso denn niemand diesen Schwindel habe aufdecken können. Er betonte, es habe nur drei Personen gegeben, die den Ursprung der Geschichte kannten. (Seine Frau Katherine war wahrscheinlich die dritte Person.) Es habe keine Möglichkeit gegeben, mit diesem romantischen Helden in Verbindung zu kommen oder auch nur sicher zu sein, wo man ihn hätte finden können. Vor allem aber fragte Ed: „Wer hätte ein Interesse daran gehabt, es zu tun?" Leser rund um die Welt liebten Salvatore Giuliano, und Redakteure waren froh, wenn sie solche Geschichten abdrucken konnten. Sie wollten nur immer wieder weitere Fortsetzungen.

Ed Clarks Gesetz, nach dem die Macht der Redakteure, über die Veröffentlichung von Berichten ihrer Reporter aus Übersee zu entscheiden, direkt proportional zu ihrer eigenen Unwissenheit ist, läßt sich auch auf die Geschichte von Salvatore Giuliano anwenden. Es ist nämlich klar, daß es nirgends einen Versuch gegeben hatte oder auch nur eine Neigung, diese populäre Legende zu berichtigen. Es gab auch keine Aussicht, daß ein Redakteur mit gegenteiligen Informationen versuchen würde, der Sache nachzugehen. In Verteidigung des populären Schwindels wurde zwar, wie Ed sagte, kein Schaden getan, aber gewiß war die Person, die schießlich in Sizilien getötet worden ist, ein Schwindler, dessen tatsächliche Probleme mit den Carabinieris offenbar Grund genug waren, Jagd auf ihn zu machen.

Die Ähnlichkeit zwischen der Legende um Salvatore Giuliano und der Geschichte von Kurt Waldheim besteht darin, daß beide in hohem Maß amerikanischen Redakteuren gefielen und bei den Lesern und Fersehzusehern besonders gut ankamen. Es gab Waldheim-Unterlagen für jedermann, der bereit war, die Mühe auf sich zu nehmen und nach ihnen zu suchen. Informationen, die allerdings teilweise beträchtlich und entscheidend den in Amerika verbreiteten Behauptungen über Waldheim widersprachen. Der Autor war in der Lage, solche dem „Mainstream" entgegengesetzte Informationen den amerikanischen Redakteuren vorzulegen. Deren Reaktion darauf war aber im allgemeinen Gleichgültigkeit, obgleich einer der Redakteure, der einen meiner Briefe beantwortete, schließlich meinte: „Sie haben möglicherweise recht damit, aber ich werde nicht das Geringste in der Waldheim-Sache tun."

Amerikanische Reporter, die auf der Jagd nach Geschichten über Waldheim waren und mit denen ich telefonierte, haben ursprünglich fast immer auch Interesse an Informationen gezeigt, die ihren eigenen bisherigen Recherche-Ergebnissen zu widersprechen tendierten. Sie machten sich Notizen, und die meisten versprachen, meine Angaben zu überprüfen und mich zurückzurufen. Aber keiner von ihnen hat sich wieder bei mir gemeldet. Das Porträt Kurt Waldheims ebenso wie die Geschichte des italienischen Banditen sind Vorstellungen, an die das amerikanische Publikum glauben will, und die Redakteure sind nicht bereit, sie dieses Glaubens zu berauben. Dies um so mehr, als sie ja viel von ihrer Glaubwürdigkeit verlieren würden, müßten sie zugeben, daß ihre Darstellungen falsch sind.

Eine andere Person, die wie Kurt Waldheim das Opfer einer total falschen Beurteilung durch das „Office of Special Investigation" des US-Department of Justice wurde, ist ein pensionierter Autoschlosser, der in der Nähe von Cleveland im Bundesstaat Ohio lebt und John Demjanjuk heißt. Geboren in der Ukraine, wurde Demjanjuk nach dem Zweiten Weltkrieg das, was man eine „Displaced Person" nannte, also eine Art Vertriebener. Er emigrierte in die Vereinigten Staaten und ließ sich in Ohio nieder.

Das „Office of Special Investigation", kurz OSI, wurde 1979 vom Kongreß gegründet. Seine Hauptaufgabe bestand darin, Personen aufzuspüren und zu deportieren, die sich während des Dritten Reiches an Verbrechen der Nationalsozialisten beteiligt hatten, es aber dann verstanden, unbemerkt in die Vereinigten Staaten zu gelangen. Dieser sehr verspätete Versuch, nun Einwanderer zu durchleuchten, die Hitler Dienste geleistet hatten, entstand, weil auch Mitglieder des Kongresses der Meinung waren, die amerikanische Regierung sei Ex-Nazis gegenüber viel zu tolerant gewesen. Ganz besonders während der scharfen Rivalität mit der Sowjetunion, die bezeichnend für die frühen Phasen des Kalten Krieges war. Damals trat man den ehemaligen Nazis aus außenpolitischen Erwägungen zu milde gegenüber auf. Auch waren die Aufnahmemodalitäten für neue Bürger in die Vereinigten Staaten, wie etwa „Displaced Persons" vom Schlage Demjanjuks, offenbar durchaus unzureichend.

Nachforschungen der OSI schienen zu ergeben, daß John Demjanjuk Angehöriger einer Bewachungsmannschaft des Todeskonzentrationslagers Treblinka in Polen gewesen sei. Ein Auslieferungsverfahren an Israel gegen den ukrainisch-amerikanischen Autoschlosser wurde eingeleitet. Der OSI behauptete, er sei ein bekannt brutaler KZ-Wächter gewesen, und die Gefangenen in Treblinka hätten ihn „Iwan den Schrecklichen" genannt. Er wurde 1986 nach Israel ausgeliefert, wo ein Schauprozeß gegen ihn 1988 mit seiner Verurteilung zum Tod endete.

Glücklicherweise für Demjanjuk dauerte das Verfahren des Berufungsgerichtes in Israel in diesem Fall lange genug, bis die Sowjetunion zusammenbrach und dadurch Treblinka-Akten zur Verfügung standen. Es stellte sich heraus, daß nach Einnahme des Konzentrationslagers durch die Rote Armee sowjetische Untersuchungsoffiziere genaue Verhöre angestellt hatten, die die Unrichtigkeit der Identifizierung Demjanjuks als „Iwan der Schreckliche" erwiesen. Aufgrund dieser Akten entschied dann der israelische Oberste Gerichtshof, dieser Johann Demjanjuk sei nicht „Iwan der Schreckliche". Er wurde freigelassen und ist 1993 wieder nach Ohio zurückgekehrt.

Der Autor, ein fleißiger Zeitungsleser, wüßte immer noch gerne, wie das Justizministerium einen Bürger, dem offenkundig ein Todesurteil drohte, ausliefern konnte, obwohl dessen Identität keineswegs gesichert war. Diese Frage hat aber keineswegs in besonderem Maße die Neugierde der amerikanischen Medien geweckt. Vielleicht spiegelt das die sehr starke Unterstützung der Öffentlichkeit und ganz besonders des Kongresses für die Arbeit des OSI wider. Später hat es jedoch einige redaktionelle Kritiken an der Behandlung des Demjanjuk-Falles durch das OSI gegeben.

Die Rettung des John Demjanjuk ist auf drei Faktoren zurückzuführen: Er hatte gute Anwälte in Israel. Auch hatten einige Medien in den Vereinigten Staaten die Identifizierung von Demjanjuk als „Iwan der Schreckliche" schon in Frage gestellt, als das entsprechende Beweismaterial noch nicht zur Verfügung stand. Überdies hatte der ältliche Autoschlosser die Unterstützung eines Kongreßabgeordneten aus Ohio, der die Geschichte seines Wählers glaubte und Demjanjuk dementsprechend verteidigte. Betrachten wir im Vergleich dazu den Fall Kurt Waldheim, so findet sich in der amerikanischen Medienszene kein einziger bedeutender Versuch, die allgemeine Berichterstattung über den Österreicher zu berichtigen. Im Gegenteil, die großen Zeitungen schrieben zustimmende Leitartikel, als der Österreicher auf die „Watchlist" gesetzt wurde, und kein Kongreßmitglied wagte es, sich für Waldheim einzusetzen.

Sechs Jahre nachdem die Geschichte über den Briefwechsel zwischen Goldwater und Seebohm als Schwindel aufgedeckt worden war, gab es in Washington eine öffentliche Auseinandersetzung, die von Goldwater ausgelöst wurde. Der Senator von Arizona machte nämlich von seinem Privileg Gebrauch, die Beförderung eines Kandidaten der Regierung zu einem höheren Amt im Außenministerium zu blockieren. Goldwater wehrte sich gegen die Beförderung, weil der betreffende Beamte seinerzeit als Journalist bei einem führenden amerikanischen Blatt falsche Berichte über Goldwaters Beziehungen zu dem deutschen Politiker verfaßt hatte.

Dies führte in Washington zu dem in solchen Fällen so häufigen „Watschen-Tanz“, wobei die Geschichte vom Briefwechsel Goldwater-Seebohm wieder veröffentlicht wurde, allerdings in etwas abgeänderter Form, und es wurden Leitartikel über die unheilvollen Weiterungen dieser einseitigen Aktion Senator Goldwaters geschrieben. Während des Kalten Krieges war das Außenministerium häufig vom Kongreß und dessen Angehörigen, wie etwa dem übelbeleumundeten Joseph McCarthy, eingeschüchtert worden. Daher waren seriöse Leitartikelschreiber darauf aus, Gelegenheiten zu finden, arme verfolgte Diplomaten davor zu schützen, auch weiterhin vom einflußreicheren Zweig der Regierung mißhandelt zu werden.

Im allgemeinen dürften die Blätter der Ansicht gewesen sein, Goldwater sei ein Spielverderber und außerdem ein schlechter Verlierer und nachtragend. Ich selbst glaubte, daß Goldwater allen Grund hatte, die Beförderung dieses Beamten zu blockieren. Offenkundig hatten meine Freunde, die seinerzeit völlig richtig und unwidersprochen davon berichtet hatten, daß der ganze Goldwater-Seebohm-Briefwechsel eine Erfindung war, kein Gehör bei den zuständigen Stellen gefunden, die nun der Meinung waren, es sei angebracht, Goldwater erneut zu korrigieren.

Die Aufrechterhaltung der Kontinuität und gleichzeitig des Verantwortungsbewußtseins in der Auslandsberichterstattung ist, selbst wenn es das strategisch so wichtige Europa betrifft, in den amerikanischen Zeitungsredaktionen keineswegs selbstverständlich. Aufmachergeschichten im Auslandsteil unserer Zeitungen sind immer noch jene, in denen das auffälligste Blutvergießen dargestellt wird. Briefe von Lesern, die den Redakteuren mitteilen, sie verstünden die Situation in Sri Lanka oder Borneo nicht, erscheinen zwar häufiger, aber tiefer schürfende Arbeit in bezug auf die Berichterstattung aus Europa scheint nicht gefordert zu werden. Jene Art von Wissen und Verständnis für Probleme, die einen Redakteur dazu veranlassen könnten, eine so populäre Geschichte in Frage zu stellen, wie jene über die angebliche Nazivergangenheit Kurt Waldheims, ist tatsächlich außerordentlich selten.

US-Regierung bestätigt Waldheim-Bild als Naziverbrecher

Das Bild Kurt Waldheims als eines Nazikriegsverbrechers war die Schöpfung amerikanischer Medienberichterstattung. Aber die Bestätigung dieser Darstellung durch die amerikanische Regierung ließ die Redakteure an die Wahrhaftigkeit ihrer Berichte glauben. Beginnend im März 1986, als ein prominenter Senator das Justizministerium aufforderte, die Informationen, die damals dem „World Jewish Congress" über Waldheims Rolle im Dritten Reich zur Verfügung standen, zu überprüfen, bis zum April 1987, als die Entscheidung, Waldheim auf die „Watchlist" zu setzen, angekündigt wurde, hatte das „Office of Special Investigations" eine Untersuchung der Rolle Waldheims während der Kriegszeit durchgeführt. Doch diese Darstellung ging weit über ein bloßes Fragestellen nach dem Verhalten Waldheims und über entsprechende Antworten hinaus.

Den Forderungen von Waldheims Anwälten, die Anklagen gegen ihn in allen Einzelheiten anzuführen, entsprach das OSI nicht, sondern gab nur einige sehr allgemeine Erklärungen ab. Die Medien dagegen befaßten sich mit den Einzelheiten des „Indictments". („Indictment" ist der amerikanische Ausdruck für Anklage; hier bedeutet er im Zusammenhang mit der „Watchlist", daß eine Person beschuldigt wird, als Angehöriger der deutschen Wehrmacht oder einer anderen nationalsozialistischen Organisation Verbrechen im Krieg begangen zu haben, und daß daher die Einreise in die Vereinigten Staaten nicht gestattet wird. Ein anderer Ausdruck für diese Form der medialen Anklage ist „media lynching“.) Die Einzelheiten dieses „Indictments" wurden wie gesagt von den Zeitungen verbreitet. Das ging etwa so vor sich: Die Ankläger Waldheims verschafften sich Berichte und Akten des Oberkommandos der deutschen Wehrmacht auf dem Balkan aus dem Nationalen Archiv und verwendeten solche, die entweder die Initialen oder die Unterschrift Waldheims trugen. Die Interpretation dieser Dokumente durch die Ankläger war eine sehr oberflächliche. Aber sie gestalteten daraus extrem negative Geschichten über den österreichischen Präsidenten, die sie dann den Zeitungen mit großen Auflagen, darunter auch im allgemeinen seriösen „Blättern", zugänglich machten.

Die Zeitungen publizierten solche Einzelheiten sehr gerne, denn international war die Waldheim-Geschichte zu einer sehr begehrten Neuigkeit geworden, und zwar während der Kampagne zur österreichischen Bundespräsidentenwahl, sobald sich herausgestellt hatte, daß der Kandidat der Volkspartei, der dann später auch zum Präsidenten gewählt wurde, auf einer Kriegsverbrecherliste stand. Diese Liste war 1948 von den Vereinten Nationen aufgrund von Angaben der Alliierten zusammengestellt worden. Obgleich diese Berichte von den besser informierten europäischen und auch von der Mehrzahl der österreichischen Medien nicht bestätigt wurden, fand doch die Waldheim-Geschichte häufig ihren Platz auf der Titelseite amerikanischer Zeitungen. Da es keine greifbaren offiziellen Anklagepunkte gab, bemühten sich die Anwälte Waldheims, mit dieser Verurteilung durch die Zeitungen Schritt zu halten, indem sie jeweils den verleumderischen Geschichten nachgingen, sich die Dokumente, auf denen diese basierten, verschafften und sodann nach Wien sandten, um eine Stellungnahme dazu zu erreichen. Schließlich lieferten sie dem OSI eine entsprechende Erklärung in Sachen der Verteidigung Waldheims. Die Kampagne gegen Waldheim war so intensiv, und das Bemühen Geschichten über ihn in den Medien zu plazieren, so erfolgreich, daß sich schließlich sogar der Justizminister beklagte, er habe die OSI-Berichte über die Untersuchung in Sachen Waldheim erst erhalten, als er bereits ihren Inhalt aus den Zeitungen erfahren hatte.

Der Bericht des OSI, auf dem die Entscheidung in der „Watchlist"-Frage in Sachen Waldheim beruhte, war Anfang April 1987 abgeschlossen. Für an der Auseinandersetzung zwischen Washington und Wien Interessierte war zu diesem Zeitpunkt, wenn auch inoffiziell, zu erfahren, daß es keinen Freispruch für Waldheim gebe und seine Eintragung in die „Watchlist" unvermeidlich sei.

Allerdings wurde ein Versuch unternommen, die Ankündigung dieser Entscheidung noch so lange hinauszuzögern, bis der österreichische Botschafter Thomas Klestil, der 1992 Waldheim als Präsident nachfolgte, seinen Abschiedsbesuch beim US-Präsidenten gemacht hatte. Klestil, der aus Washington abberufen worden war, hatte im Umfeld Ronald Reagans, dessen Tennispartner er war, prominente Freunde gehabt. Kongreßabgeordnete hatten mit Rücksicht auf ihre Wählerschaft die Vorgangsweise des Justizministeriums mit großem und positivem Interesse verfolgt und machten nun Druck auf das Weiße Haus. Die endgültige formelle Entscheidung, Waldheim auf die „Watchlist" zu setzen, wurde an einem Wochenende durch den Justizminister und den Außenminister getroffen. Keiner von beiden war, wie berichtet wird, ein Befürworter dieser Entscheidung. Die öffentliche Bekanntmachung fand am folgenden Montag statt. Im Außenministerium wies man darauf hin, daß die Ankündigung ein Schock für den Ballhausplatz, den Sitz der österreichischen Bundesregierung, sein könnte, und es wurde darüber diskutiert, ob man nicht Wien durch ein Telegramm alarmieren solle. Diese Idee wurde jedoch wieder fallen gelassen, vielleicht weil der damalige amerikanische Botschafter in Wien ungeduldig auf diese Entscheidung wartete. Es gab eine gewisse Besorgnis im Außenministerium, der Botschafter könnte die Nachricht, ohne die gewünschte diplomatische Vorsicht, den Medien bekannt machen, und zwar noch bevor sie offiziell verlautbart wurde.

In Erwiderung auf Proteste der österreichischen Regierung, die sofort erfolgten, versprach die US-Regierung, sie werde ein Team amerikanischer Experten nach Wien entsenden, um die Entscheidung über die „Watchlist" zu erklären. Die Österreicher waren in dem Glauben, daß ihnen dokumentarische Belege vorgelegt werden würden, aber nichts Derartiges geschah. Mir war es nicht möglich zu erfahren, wer diese sinnlose Zusage, eine Delegation nach Wien zu entsenden, gemacht hat, es könnte aber sehr wohl Präsident Reagan selbst gewesen sein, dem die Geschichte offenbar im nachhinein peinlich war. Man sagte den Österreichern dann lediglich ohne weitere Erklärung, daß die „Watchlist"-Entscheidung auf allerhöchster Regierungsebene getroffen worden sei.

Unterdessen hatten Experten und Reporter herausgefunden, daß der Ursprung der Affäre um Kurt Waldheim in Belgrad zu suchen war. Dort hatte die offizielle Sammlung von Belegen für die Eintragung des Österreichers in die Kriegsverbrecherliste stattgefunden. Jedoch zeigte sich, daß die Beschuldigungen gegen Waldheim nur ein Teil eines Komplotts der jugoslawischen Regierung unter Marschall Tito war, um ihre Ansprüche, die sie im Jahr 1948 auf den Süden des Bundeslandes Kärnten erhob, zu unterstützen. Ein Teil von Südkärnten an der Grenze zu Jugoslawien, vor allem südlich der Drau, wird von einer slowenischen Minderheit, die in etlichen Gemeinden erheblich ist, bewohnt. Kurt Waldheim war damals Sekretär des österreichischen Außenministers Dr.

Karl Gruber. Durch einen intensiven Angriff auf Waldheim hoffte man in Belgrad Außenminister Gruber unter Druck setzen zu können. Zumindest hoffte man, sein Renomee zu untergraben, das damals sehr groß war, denn er galt als einer der hervorragendsten Führer des österreichischen Widerstandes gegen die Nazis.

Die Delegation der Vereinten Nationen, die 1947 die Kriegsverbrecherliste vorbereitete, hatte in London getagt. Ihre Mitglieder aus den westlichen Ländern hatten schon den Verdacht, daß die kommunistischen Regierungen diese Gelegenheit benützen würden, um ihre politischen Ansprüche durchzusetzen. Daher gingen die westlichen Delegierten sehr genau vor, was die Würdigung der Beweise anlangte. Die Regierungsstellen in Belgrad hatten daher wie Tito den Auftrag erhalten, eine möglichst überzeugende Anklage vorzulegen. Die schließlich von Belgrad erhobenen Behauptungen gegen Kurt Waldheim beruhten auf der Zeugenaussage eines kriegsgefangenen Wehrmachtsoldaten, eines Österreichers namens Johann Mayer. Seine Aussagen erwiesen sich jedoch bald als völlig falsch. Er hatte seine Erklärungen abgegeben, als er sich in jugoslawischer Kriegsgefangenschaft befand und scharf verhört wurde.

Die Eintragung Kurt Waldheims in die Kriegsverbrecherliste wurde 1948 auch Teil der Unterlagen der Vereinten Nationen und der Alliierten, es wurde aber nichts in der Waldheim-Sache unternommen. Der Bruch Titos mit Stalin beraubte Jugoslawien seines stärksten Helfers in dessen Politik gegenüber Österreich. Tito hatte nun ganz andere Sorgen. Erst vier Jahrzehnte später fand sich in den offiziellen Listen der Name Kurt Waldheims als der eines Kriegsverbrechers. Der Mann, der diesen Fund machte, war ein amerikanischer Biograph Waldheims, der beauftragt war, nach Munition zu suchen, die man in der österreichischen Wahlkampagne einsetzen könnte. 1986 war nun die jugoslawische Regierung in Belgrad durchaus bereit, auch Recherchen auf der Suche nach der wirklichen Geschichte und den Hintergründen der Anklage gegen den Österreicher zuzulassen. Jugoslawien, in diesen letzten Jahren als noch vereinigter Staat, legte nun auf gute Beziehungen zu Österreich großen Wert.

In Wien bot man dem amerikanischen Expertenteam an, jene Personen anzuhören, die von der österreichischen Regierung mit den Nachforschungen in Belgrad betraut worden waren. Sie konnten darlegen, wie und warum Kurt Waldheim anno 1948 fälschlich auf die Liste der Kriegsverbrecher gesetzt worden war. Aber die amerikanischen Regierungsbeamten lehnten dieses Angebot ab. Sie betonten, auf welch hoher Ebene dieses außergewöhnliche Urteil über Waldheim gefällt worden und aufgrund einer legalen Prozedur zustande gekommen sei. Nur Amerikaner – das machten die Beamten klar – könnten das Gesetz über die „Watchlist" interpretieren.

Die Sackgasse, in die man während dieser Zusammenkunft im Mai 1987 in Wien geraten war, belastet die österreichisch-amerikanischen Beziehungen seit damals, obgleich beide Länder durchaus imstande waren, normale diplomatische Beziehungen aufrechtzuerhalten. Die Waldheim-Geschichte verschwand jedoch keineswegs aus den internationalenMedien. Der Grund dafür war, daß die amerikanischen Medien prominente internationale Persönlichkeiten angriffen, wie Papst Johannes Paul II., die das Urteil der amerikanischen Medien unbeeindruckt ließen und dem österreichischen Bundespräsidenten jene Höflichkeit und Ehren zuteil werden ließen, die ihm aufgrund seines Amtes gebührten.

Unmittelbarer Anlaß war ein Empfang durch den Papst für den österreichischen Bundespräsidenten im Vatikan. Die Kontroverse rund um die „Watchlist" und die Vergangenheit Kurt Waldheims hat tatsächlich während der Zeit seiner Bundespräsidentschaft dazu geführt, daß er nicht, wie es für das Staatsoberhaupt Österreichs immer üblich war, der Reihe nach Besuche bei benachbarten Staaten unternahm. Kurt Waldheim konnte diese Aufgabe nur zu einem sehr kleinen Teil erfüllen.

Die amerikanische Kritik am Verhalten des Papstes war sehr schroff. Ihr lag offenkundig die Annahme zugrunde, daß der Nachrichtendienst des Vatikans den Heiligen Vater nicht über die Vergangenheit Waldheims im Dritten Reich und die darauf beruhende „Watchlist"-Entscheidung informiert habe. Meiner Meinung nach war Papst Johannes Paul II. zweifellos besser über diese Angelegenheiten informiert als die politische Führung Amerikas. Ich entsinne mich einer US-Fernsehdiskussion im

Juni 1987 zwischen angesehenen jüdischen und katholischen Vertretern, in der es darum ging, ob der Papst den österreichischen Präsidenten empfangen dürfe oder nicht. Kein einziger der Diskutanten war dabei über die Hintergründe und wesentlichen Fragen im Fall Waldheim genügend informiert, um das öffentliche Verständnis in dieser Sache fördern oder zum Kern der Sache vorstoßen zu können.

Anstoß zu weiterer Beschäftigung mit dem Fall Waldheim in der Presse gaben drei Untersuchungen, die in den Jahren 1988 und 1989 durchgeführt wurden.

1. Die österreichische Regierung hatte eine internationale Kommission von Militärhistorikern zusammengerufen, um die Anklagen gegen den Bundespräsidenten zu untersuchen. Der Bericht dieser Kommission übte zwar Kritik an Waldheim, vor allem weil man ihm vorwarf, ein schwacher Zeuge gewesen zu sein, aber die Kommission kam zu dem eindeutigen Schluß, daß er weder ein Nationalsozialist noch ein Kriegsverbrecher gewesen sei.

2. Die britische Fernsehgesellschaft „Thames TV" veranstaltete in London eine Art Scheinprozeß gegen Waldheim. Als „Staatsanwalt" trat ein früherer hoher Beamter des OSI auf, als Verteidiger fungierte ein früherer britischer Justizminister. Den Vorsitz führte ein ehemaliger Vorsitzender des britischen Obersten Gerichtshofs. In diesem Verfahren kamen die fünf Richter aus den USA, Schweden, Kanada, der Bundesrepublik

Deutschland und Großbritannien zu dem „Urteil", daß keinerlei Beweise vorlagen, wonach Kurt Waldheim Kriegsverbrechen begangen habe. Der erwähnte frühere Justizminister Lord Peter Rawlinson nannte die Kampagne gegen Waldheim „Lynch-Justiz".

3. Schließlich legte die britische Regierung dem Unterhaus einen Bericht des Verteidigungsministeriums vor, in dem es darum ging, ob Waldheim während seiner Militärdienstzeit in Griechenland Kriegsverbrechen gegen britische Kriegsgefangene begangen habe. Dabei handelte es sich um Angehörige der sogenannten Commandos, Einheiten, die unter Umständen auch in Zivilkleidung zum Einsatz gekommen waren und gegen die Adolf Hitler im Oktober 1942 Befehl zu ihrer sofortigen Hinrichtung erlassen hatte. Auch die Untersuchung der britischen Regierung stellte fest, daß sich Waldheim in dieser Sache nichts habe zuschulden kommen lassen.

Auch von keinem anderen Bericht ist die in Amerika weitverbreitete Meinung, wonach Waldheim wenigstens in der Nähe von Kriegsverbrechen gewesen sei, bestätigt worden. Der offizielle Versuch des OSI nachzuweisen, daß der Österreicher doch in irgendeiner Weise mit Kriegsverbrechen zu tun gehabt habe, jedenfalls ausreichend, um ihn als „Persecutor" (Deutsch: als jemanden, der an Verfolgungen beteiligt war) hinzustellen, gelang auch durch solche Berichte in keiner Weise.

Die 204 Seiten umfassende Darstellung des OSI – Grundlage der Entscheidung, Waldheim auf die „Watchlist" zu setzen – sucht zu beweisen, daß er „befahl, veranlaßte, half oder auch auf andere Weise an der Verfolgung (von Personen) aus Gründen der Rasse, Religion, nationaler Herkunft oder politischer Ansicht teilnahm." Würden diese Anklagen auf ihn zutreffen, wäre der Österreicher dadurch zu einem unerwünschten „Ausländer“ (Alien) geworden, dem die Einreise in die USA nicht gestattet werden konnte. Diese besonders für ein Staatsoberhaupt eines befreundeten Staates erstaunliche Maßnahme mußte aufgrund des im Kongreß beschlossenen „Holtzman Amendment" erfolgen. Ich habe diese vollinhaltliche Darstellung erst 1994 erhalten – sieben Jahre nachdem die „Watchlist"-Entscheidung getroffen und von den Medien der USA willkommengeheißen worden war. Der Bericht wurde mir zugestellt, angesichts meiner Rolle als Beschwerdeführer in einer legalen Aktion zum Schutz der Freiheit der Information, um das Justizministerium zu zwingen, seine Anklagen gegen Waldheim öffentlich zu machen. Die Medien hatten schon vorher diesen OSI-Bericht zugestellt erhalten, und ihre Schreiber betrachteten diese Aussendung als Bestätigung ihrer früheren Artikel über Waldheim.

Würde ein durchschnittlicher amerikanischer Beamter ohne spezielles Wissen über das Dritte Reich oder die Organisation der deutschen Wehrmacht ebenfalls zu dem Schluß kommen, daß der Bericht des OSI überzeugend sei? Ohne Zweifel: Ja. Der Beweis dafür ist eine Bewertung des OSI-Berichtes durch US-Botschafter Henry Grunwald, einen gebürtigen Wiener, der es zum Chefredakteur des angesehenen Magazins „Time" gebracht und einige Jahre in Wien die USA als Botschafter vertreten hat. Verständlicherweise ist Grunwald über Österreich sehr gut informiert. In seiner jüngst veröffentlichten Autobiographie nimmt nun Grunwald auch zu diesem Bericht des OSI Stellung. Er nennt ihn polemisch, meint, er sei sarkastisch hinsichtlich der Verteidigungsargumente Waldheims und enthalte Urteile, die so abgefaßt sind, daß die Beweiswürdigung begrenzt ist: in juristischen Entscheidungen höchst unüblich. Allerdings kommt Grunwald zu dem Schluß, daß Waldheim an Verfolgungsaktionen assistiert oder in anderer Weise teilgenommen habe, und er zitiert damit das sehr unpräzise gehaltene „Holtzman Amendment", nämlich jenes Statut, auf dem die gesamte „Watchlist" basiert.

Diese Meinung hörte der Autor auch von zwei Rechtsanwälten in Washington, die an der Verteidigung Waldheims und an der Forderung an das Justizministerium, die entsprechenden Akten freizugeben, beteiligt waren. Sie bestätigten, daß in der OSI-Erklärung keinerlei direkte Beweise gegen Waldheim existieren. Aber sie halten eine entfernte Beteiligung – wie Grunwald – für möglich. Ich teile diese Meinung, die als Grundlage für die „Watchlist"-Entscheidung gilt, nicht. Für mich ist es offenkundig, daß die Anwälte glauben, die OSI-Erklärung beschreibe die Rolle Waldheims im Stab der Heeresgruppe E auf dem Balkan richtig. In Wahrheit ist die Erklärung des OSI in vieler Hinsicht fragwürdig und reflektiert, wie Grunwald anmerkt, staatsanwaltlichen Übereifer.

Die Erklärung des OSI nimmt die Ergebnisse der Nachforschungen anderer Stellen nicht zur Kenntnis, wonach die Anklage der Teilnahme an Kriegsverbrechen gegen Kurt Waldheim unbegründet war und im wesentlichen auf falschen Aussagen des in Belgrad verhörten kriegsgefangenen Zeugen Johann Mayer beruhte. Das OSI wiederholt also nur angebliche Aussagen Mayers, welche die Belgrader Regierung schon 1948 benützt hatte, um Waldheim auf die Kriegsverbrecherliste zu bringen. Das OSI sandte auch Untersuchungsbeamte nach Belgrad. Sie sollten vor Ort die Unterlagen der Anklage in Augenschein nehmen. Aber diese OSI-Nachforscher dürften die einzigen unter den vielen Wissenschaftlern und Reportern gewesen sein, denen es nicht gelang, die von den jugoslawischen Behörden bereitwillig zur Verfügung gestellten entsprechenden Beweise zu finden, aus denen hervorging, daß die Anklagen gegen Waldheim falsch waren.

Eine eingehende Untersuchung über die Rolle dieses Johann Mayer bei den Beschuldigungen, die Belgrad gegen Waldheim erhoben hatte, um den österreichischen Außenminister Dr. Karl Gruber unter Druck zu setzen, hat der Waldheim-Biograph Professor Robert Edwin Herzstein in den USA veröffentlicht. Es ist fast eine Ironie der Geschichte, daß es gerade Herzstein war, der diese Untersuchungen angestellt hat, weil er auch jener Mann war, der in den Nationalen Archiven die Eintragung Waldheims als Kriegsverbrecher entdeckt hat. Damals freilich arbeitete Herzstein im Auftrag des „World Jewish Congress", und zwar um nach Munition gegen den Kandidaten der Österreichischen Volkspartei bei den Präsidentschaftswahlen 1986 zu suchen.

Das OSI-Dokument beschuldigt Waldheim, während seiner Dienstzeit als Stabsoffizier des Oberkommandos der Heeresgruppe E auf dem Balkan Aufgaben erfüllt zu haben, die eindeutig in den Bereich der Abwehr gehörten. Die Abwehr war der militärische Nachrichten- und Gegenspionagedienst der deutschen Wehrmacht. Der Stab der Heeresgruppe E, in dem Waldheim die längste Zeit seines Dienstes auf dem Balkan verbrachte, hatte in der Tat eine Abwehrabteilung, die stärker war als ihr eigener Kundschaftdienst. Dieser Umstand deutet an, daß die Heeresgruppe E eine Besatzungstruppe war. Es gibt jedoch keine Beweise, auch nicht von OSI angeboten, wonach Waldheim jemals als Abwehroffizier gedient habe. Die Unterscheidung ist deshalb von Wichtigkeit, weil die Abwehr sehr wohl mit Dienststellen des Dritten Reiches zu tun hatte, die die schmutzige Arbeit machten.

Die Behandlung und Weiterbeförderung alliierter Kriegsgefangener in dem von der Heeresgruppe E kontrollierten Raum wird vom OSI-Bericht ausführlich dargestellt. Die in Kriegsgefangenschaft geratenen Soldaten gehörten vielfach britischen Kommandos an, und die meisten von ihnen wurden entsprechend dem bereits erwähnten Befehl Hitlers hingerichtet. Das OSI kommt zu den Schluß, daß „wenig Zweifel" daran besteht, daß Waldheim „an diesen Vorgängen teilgenommen hat". Wie schon erwähnt, haben die Engländer zwei Jahre später, 1989, und noch einmal, nämlich 1992, ausführlich zu diesen Fragen Stellung genommen und im Verlauf einer eingehenden, weit genaueren Untersuchung über das Schicksal ihrer Soldaten Kurt Waldheim von all diesen Anklagepunkten freigesprochen.

Ein wichtiges Beweisstück hinsichtlich der politischen Einstellung Waldheims in seiner Jugend ist ein Schreiben des Nazi-Gauamtes von „Niederdonau" – so nannte man damals Niederösterreich –, datiert aus dem August 1940, in dem diese NSDAP-Amtsstelle keine Einwendungen gegen Waldheims Verwendung auf einem untergeordneten Gerichtsposten erhebt. Der OSI-Bericht legt dies dahin aus: Es bedeute, daß die Partei angesichts des Wehrdienstes, den Waldheim leistete, ihn für tragbar erklärte. In Wirklichkeit aber beschreibt dieses Dokument, wenn man den gesamten Wortlaut hernimmt, Waldheim und seine Familie als durchaus „feindselig" gegenüber der NSDAP eingestellt. Daher ist die Auslegung des OSI falsch.

Mit Recht hat Simon Wiesenthal den Anklägern Waldheims vorgeworfen, daß sie dessen Unterschriften auf Dokumenten der deutschen Wehrmacht durchaus falsch beurteilt haben. Sie behaupten nämlich, daß solche Abzeichnungen oder Unterschriften Waldheims auf bestimmten Dokumenten nichts anderes bedeuten, als daß der damalige Leutnant W. brutale Aktionen, sei es gegen Kriegsgefangene, sei es gegen Partisanen, sei es auch gegen Zivilisten oder gar Juden befohlen oder zumindest für gut befunden hätte. Eines dieser Dokumente, das sich in meinem Besitz befindet und das auch in dem OSI-Bericht zitiert wird, unterstützt in Wahrheit Wiesenthal in dieser Auseinandersetzung. Es handelt sich um einen routinemäßigen monatlichen Lagebericht der 1. Gebirgsjägerdivision, in dem mögliche künftige Entwicklungen erwähnt werden. Die OSI aber interpretiert sie als „Vorschläge" für Deportationen, „tatsächlich unterschrieben von Leutnant Waldheim". Die Waldheim-Signatur auf diesem Dokument bedeutet in Wirklichkeit nur die Bestätigung der Richtigkeit der Abschrift des Berichts der 1. Gebirgsjäger-Division.

Die Liste der Einwände gegen den Bericht des OSI ist noch keineswegs vollständig, aber das hier Gesagte soll genügen, um darzustellen, wie schlecht die Qualität der Nachforschungen gewesen ist. Es sollte aber niemanden überraschen, der weiß, wie die Organisation mancher Regierungen vor sich geht. In der ganzen Welt haben wohl nur wenige Justizministerien unabhängige Instanzen eingerichtet mit dem Auftrag, Ausländer wegen Übertretungen anzuklagen oder zu bestrafen, die sich nicht auf dem nationalen Territorium ereignet haben.

Eine solche Handlung zu setzen ist nicht leicht, und man sollte dem OSI vielleicht auch vergeben, daß es diese Aufgabe so schlecht gelöst hat, denn es hätte damit erst gar nicht beauftragt werden sollen. Der Kongreß der Vereinigten Staaten zögert jedoch nicht, durch Gesetz populäre Aktionen gegen Fremde zu unterstützen, die man als unerwünscht betrachtet, etwa so wie es sich in den jüngsten europäisch-amerikanischen Auseinandersetzungen um die Frage handelt, wer es wagen darf, mit Kuba Handel zu treiben.

Als das Justizministerium schließlich im März 1994 seinen Akt über den Fall Kurt Waldheim veröffentlichte, brauchte die österreichische Botschaft in Washington sechs Wochen, um das Dokument zu studieren. Dann legte sie dem Justizministerium eine kritische Darstellung vor, die neuerlich die Anklagen gegen ihren früheren Präsidenten für falsch und grundlos erklärte und forderte, Waldheims Namen von der „Watchlist" zu streichen. Diese Forderung ist jedoch erneut ohne jede Begründung abgelehnt worden.

Die Kritik an dieser Entscheidung der amerikanischen Justiz erfolgte durch die Regierung eines kleinen Landes, das von der turbulenten Geschichte dieses Jahrhunderts dazu bestimmt war, mehr über das Dritte Reich und dessen Funktionieren zu wissen, als das US-Justizministerium je begreifen wird. Man hatte gehofft, daß die Beschwerde der Wiener Regierung in der amerikanischen Regierung von einer kompetenten Persönlichkeit bearbeitet würde, der die Tatsachen rund um die Waldheim-Auseinandersetzung so gut kannte, daß er zumindest begreifen konnte, wovon die beiden Seiten eigentlich sprachen.

Meiner Meinung nach konnte schon diese Voraussetzung nicht erfüllt werden. Nur durch Zufall hätte sich in den oberen Rängen der US-Regierung jemand gefunden, der das entsprechende Wissen besessen hätte. Die Notwendigkeit, die österreichische Beschwerde zu beantworten, stellte die zuständigen Stellen sicherlich vor eine sehr unangenehme Wahl: entweder ein peinliches Eingeständnis eines Irrtums oder aber die übliche, unzählige Male wiederholte „Erklärung" abzugeben, welche stets von Regierungen verwendet wird, wenn sie sich mit der bitteren Aufgabe konfrontiert sehen, einen größeren Irrtum nicht eingestehen zu dürfen: „Wir wissen, was wir tun." So vermeidet man, sich selbst zu belasten. Die Weigerung des Justizministeriums, die österreichische Beschwerde positiv zu beantworten, halte ich für politisch motiviert. Ein Wiederaufrollen des Waldheim-Falls hätte Fragen in der amerikanischen Öffentlichkeit hervorrufen müssen, die wohl keine US-Regierung zu beantworten gewillt gewesen wäre.

Stadien einer Enthüllung

Im April 1986, als in der Weltpresse die Waldheim-Geschichte schon zu brodeln begann, erhielt ich den Brief eines vertrauenswürdigen jungen Berichterstatters aus Deutschland. Damals wurde in mir zum ersten Mal der Verdacht geweckt, daß die Geschichte, wie sie in den amerikanischen Medien dargestellt wurde, nicht so recht stimmen könne. Der Reporter hatte den Chef des Berliner Dokumenten-Zentrums interviewt, weil er einen Artikel über diese Fundgrube offizieller Akten und Berichte über das Dritte Reich schreiben wollte. Der Chef des „Berlin Document-Center" (BDC = Berliner Dokumenten-Zentrum BDZ) zählte auf, welche Listen und Dokumente vorhanden seien, jeweils mit kurzen Bemerkungen über Bedeutung und Inhalt der jeweiligen Informationen. Die Mitgliedskartei der NSDAP, das Angaben über alle Personen enthielt, die der Nazi-Partei oder einer ihrer Gliederungen wie SS, SA, NSKK, NSFK, Hitler-Jugend usw. angehört hatten, bildete einen wesentlichen Bestandteil des Dokumenten-Zentrums. Der Reporter sagte damals zu seinem Gesprächspartner: „Ich nehme an, daß wir in diesem Archiv alle

Tatsachen über die Nazivergangenheit des Kurt Waldheim finden werden."

Der Chef des Dokumenten-Zentrums antwortete darauf: „Ich bin angewiesen worden, über den Fall Waldheim nicht zu sprechen." Das war eine merkwürdige Antwort eines Beamten, dessen Hauptaufgabe es war, der Presse keine Auskünfte über Persönlichkeiten, die in seinem Archiv aufschienen, zu geben. Um mir Klarheit in dieser Sache zu verschaffen, wandte ich mich damals an meine Bekannte Lucy Petersen, die längere Zeit Chef dieses Berliner Dokumenten-Zentrums gewesen war. Sie hatte mir sehr bereitwillig ihre eigene Ausschnittsammlung über den Fall Waldheim zur Verfügung gestellt. Auf meine Frage, was sie zu der merkwürdigen Antwort des derzeitigen Chefs des Berliner Dokumenten-Zentrums sage, antwortete sie: „Offenkundig hat sich erst jüngst ein amerikanischer Beamter nach Spuren über Kurt Waldheim im Dokumenten-Zentrum erkundigt. Offenbar scheint sein Name in dem Archiv nicht auf. (*Anm. d. Übersetzers: Der entsprechende amerikanische Ausdruck lautet: "The Austrian ran clean". Der Autor erklärt den Begriff „ran clean" eigens damit, daß dies bedeutet, „es gäbe über die betreffende Person keinerlei belastendes Material".*)

Lucy Petersen fuhr fort: „Der Anfragende mag mit der Prozedur beim BDZ nicht ganz vertraut gewesen sein, aber die eindeutige Aufgabe des BDZ-Beamten war es offensichtlich zu verhindern, die Tatsache, daß gegen

Kurt Waldheim im Berliner Dokumenten-Zentrum keinerlei belastendes Material vorlag, in die Öffentlichkeit dringen zu lassen."

Wer die Ära der „Entnazifizierung" durch die US-Besatzung in den Jahren nach dem Krieg miterlebt hat, weiß, daß jemand, gegen den im Berliner Dokumenten-Zentrum nichts vorliegt, kein guter Kandidat für eine Geschichte als Naziverbrecher ist. Daher ist es für jedermann, der beschuldigt wird, Naziverbrechen begangen zu haben, von entscheidendem Vorteil zu wissen, daß gegen ihn im Berliner Dokumenten-Zentrum nichts vorliegt. Lucy Petersen meinte damals, daß genau dies bei Kurt Waldheim der Fall sei. Im BDZ gebe es nichts Belastendes über ihn. Später wurde das auch offiziell bestätigt. Diese Entlastung durch das BDZ wird auch in einem Anhang des österreichischen Weißbuches „Kurt Waldheims Kriegsjahre. Eine Dokumentation", Wien 1987, angeführt. Dieses Buch enthält mehrere sehr aufschlußreiche und grundlegende Dokumente. Mir ist nicht bekannt, daß sie in amerikanischen Medien jemals in irgendeiner Geschichte über Waldheim zitiert worden wären.

Nachforschungen über den nationalsozialistischen Hintergrund irgendeiner Person beginnen üblicherweise mit einer Einsichtnahme in die Papiere des BDZ. Selbst wenn die Ergebnisse negativ sind, so gehört diese Information dann doch in das Dossier des Angeklagten. Jedoch haben die Veröffentlichungen der Ankläger Kurt Waldheims niemals etwas über das Berliner Dokumenten-Zentrum enthalten, ganz offensichtlich, weil so ein Zitat für sie unvorteilhaft gewesen wäre.

Auch in der nächsten Episode der Waldheim-Saga war das Berliner Dokumenten-Zentrum ein Faktor. Die Veröffentlichungen über Waldheims Ehefrau Elisabeth haben meinen Verdacht über die Unverläßlichkeit dieser Berichte bestärkt. Regierungen können Erhebungen in den Akten des BDZ verlangen, und es sind auch mehrere von ihnen, einschließlich der Regierung Israels, neugierig genug gewesen, um in Berlin nach Waldheims Akten zu fragen Die Israelis waren auch gründlich genug zu erfragen, ob die Gattin Waldheims, Elisabeth, mit ihrem Mädchennamen in den Unterlagen des Dokumenten-Zentrums vorkomme. Tatsächlich stellte sich heraus, daß sie Mitglied der NSDAP gewesen war. Ihre Mitgliedsnummer wurde auch in einer israelischen Zeitung veröffentlicht.

All das spielte sich im Juni 1986 ab, etwa zu der Zeit, als Waldheim zum österreichischen Bundespräsidenten gewählt wurde. Seine Frau, die ihn bei der ersten Pressekonferenz als Bundespräsident begleitete, räumte auch ein, Mitglied der Partei gewesen zu sein, erklärte aber, daß sie jede Parteitätigkeit aufgegeben habe, weil dies eine Bedingung Kurt Waldheims für ihre Verlobung mit ihm gewesen war. Diese Information hätte angesichts der allgemeinen Aufmerksamkeit, mit der die amerikanische Presse die „Causa Waldheim" verfolgte, doch eine Signalwirkung haben müssen. Die Redakteure hätten sich vielleicht überlegen sollen, ob ihre Berichte über den als „Nazi" angeklagten Präsidenten wirklich realistisch waren. Es gab aber in dieser Hinsicht nicht einmal eine Andeutung.

Amerikanische Medien brachten verhältnismäßig ausführliche Berichte über die Pressekonferenz des neugewählten Bundespräsidenten, aber sie unterschlugen die Erklärung von Frau Waldheim, daß sie jede Parteitätigkeit auf Wunsch ihres künftigen Gatten eingestellt hatte. Manche Blätter brachten am Schluß der Berichte zwar diese Erklärung, wie wenn es ein Nachgedanke wäre, in einem Satz. Freunde mit Kontakten in Wien berichteten mir sehr bald, daß diese Bedingung Kurt Waldheims für seine Verlobung mit höchster Wahrscheinlichkeit wahr gewesen ist. Sie brachten auch einige erstaunliche Einzelheiten zu meiner Kenntnis, die in der amerikanischen öffentlichen Berichterstattung völlig fehlten: über die politische Haltung der Familie Waldheim, die so entschiedene Gegner des Nationalsozialismus gewesen war, daß sein Vater 1938, nach der Machtübernahme durch die Nazis, von der Gestapo verhaftet wurde.

Zu dieser Zeit hatte sich herausgestellt, daß Objektivität nicht gerade eine Haupteigenschaft der amerikanischen Redakteure war und wahrscheinlich auch eine große Anzahl von Berichterstattern ebenso unobjektiv gewesen ist, vor allem was die österreichische Szene anlangt. Mir wurde bewußt, daß hier die amerikanischen Berichte völlig vom rechten Weg abgewichen waren, aber es fehlten mir ausreichende Beweise, um das verzerrte Bild von Kurt Waldheim, das in der Öffentlichkeit so große Erregung gegen ihn ausgelöst hatte, berichtigen zu können. Sein Wahlsieg in Österreich hatte in den USA sogar noch größere Anstrengungen ausgelöst, die amerikanische Regierung zur Aktion gegen ihn zu drängen. Die Ära der Nachforschungen über Waldheim, an der Spitze die Untersuchung des Justizministeriums, war in vollem Gang.

Während die amtlichen amerikanischen Untersuchungen im Gang waren, erschienen in den Medien immer neue Geschichten, die sich mit der Haltung Kurt Waldheims während seiner Dienstzeit beim deutschen Militär und während seines Aufenthalts in Jugoslawien und Griechenland befaßten. Sie wurden hauptsächlich von seinen amerikanischen Anklägern zur Verfügung gestellt. Damit aber wurde der Ruf des Österreichers, der ohnehin schon sehr angeschlagen war, immer mehr geschädigt. Irgendwelche nützliche Einsichten in die fragwürdigen Aspekte der verschiedenen Anklagen wurden nicht veröffentlicht.

Die Ankündigung der Entscheidung, Waldheim auf die „Watchlist" zu setzen, demonstriert, daß eine Verteidigung gegen die „Lynch-Justiz" der Medien ein überaus schwieriges Unternehmen ist, für das es keinerlei etablierte Regeln gibt. Die Ankündigung der „Watchlist-Entscheidung" kam auf die Titelseite fast aller Tageszeitungen, die über internationale Ereignisse berichten. Die großen und einflußreichen Blätter der Ostküste gaben der Geschichte sogar ungewöhnlich viel Raum. Die „New York Times" brachte eine Begleitgeschichte, die betonte, Kurt Waldheim habe jede Gelegenheit erhalten, sich zu verteidigen. Sie vermied es aber unter anderem zu erwähnen, daß man den Österreicher niemals in aller Form angeklagt hatte.

Wie gesagt, wurden offizielle österreichische Proteste mit dem Versprechen erwidert, man werde ein Expertenteam nach Wien senden, das diese Besonderheiten der Anwendung amerikanischer Gesetzgebung erklären werde. Als dies dann auch wenige Wochen später tatsächlich geschah, habe ich in den amerikanischen großen Zeitungen nur sehr wenig Hinweise darauf gefunden. Im Gegensatz zu diesem Desinteresse der amerikanischen Medien haben sich die österreichischen Zeitungen sehr eingehend mit den Konsultationen der amerikanischen Delegation mit den Wiener Regierungsstellen befaßt. Man kann sogar sagen, daß diese Konsultationen über die Entscheidung der US-Regierung, Waldheim auf die „Watchlist" zu setzen, geradezu von politischen Feuerwerken begleitet waren.

Mein Freund Ed Clark hatte– obwohl damals schon in einer Art halber Ruhestand – es sich zur Gewohnheit gemacht, Freunde einzuladen und vor allem auch viel jüngere Regierungsbeamte, um mit ihnen die laufenden Neuigkeiten zu diskutieren. Er arbeitete immer noch als Reporter und konnte solche Gespräche gut für seine Artikel verwenden. Ungefähr einen Monat nachdem die amerikanische Delegation in Wien erklärt hatte, es gäbe keine Möglichkeit, Waldheim von der „Watchlist" zu streichen, gab Ed ein Abendessen in einem guten Washingtoner Restaurant, an dem auch ich teilnahm. Neben mir saß ein junger amerikanischer Beamter, der die Gesellschaft mit Geschichten über seinen jüngsten Aufenthalt in Wien unterhielt. Sehr bald stellte sich heraus, daß er ein Mitglied jener Delegation war, die die österreichische Regierung in Wien über die „Watchlist" zu informieren hatte. Aus seinen Erzählungen wurde rasch sehr klar, daß er seine Mission in Wien im wesentlichen als einen Fehlschlag betrachtete. Ich konnte der Versuchung nicht widerstehen, nun die in den amerikanischen Medien gegen Waldheim vorgebrachten Anschuldigungen zusammenzufassen und meinen Gesprächspartner zu fragen, wieso denn jemand, der so sehr an den Untaten des Dritten Reiches beteiligt gewesen sei, nicht zur Verantwortung gezogen werden könne. Die Antwort war vielsagend. Mein Gesprächspartner meinte: „Es fehlten uns die Dokumente, um gegen ihn Anklage zu erheben ".

Dann erzählte der junge Beamte noch einiges mehr über den Fall Waldheim und das Problem, ein Verfahren gegen ihn einzuleiten: „Es gab viele Verdachtsmomente, aber nur ein Ereignis in Waldheims Vergangenheit, von dem wir verhältnismäßig sicher waren, daß es uns ein gutes Beweisstück liefern würde. Jedoch am Ende hatten wir auch damit kein Glück."

Ich fragte: „War das Kozara?" und der junge Mann bestätigte meine Vermutung. Aber er schien zu bemerken, daß er sozusagen die Katze aus dem Sack gelassen hatte, und so gab es über Waldheim oder die Mission in Wien an diesem Abend keine weiteren Gespräche.

Unter dem Stichwort „Kozara" wird ein düsteres Drama aus dem Zweiten Weltkrieg auf dem Balkan verstanden: eine blutige Aktion der „Kampfgruppe Westbosnien", die aus deutschen und kroatischen Einheiten bestand, gegen Einheiten der jugoslawischen Partisanen. Dieser Vernichtungsversuch ereignete sich im Sommer 1942 und war so umfangreich – er kostete so viele Menschenleben und führte zu in etwa 70.000 Deportationen –, daß die jugoslawische Regierung „Kozara" als ein wesentliches Kriegsverbrechen bezeichnete. Die OSI und die Ankläger Waldheims betrachteten den Fall Kozara als ihr Hauptbeweisstück gegen ihn. Behauptungen über die Rolle Waldheims im Fall Kozara wurden von seinen Anklägern, ob offiziell oder inoffiziell, an die Medien weitergegeben. Das zeigt, welche Bedeutung sie gerade diesem Fall zumaßen.

Bei dem Fall Kozara ging es um Kriegsverbrechen, wie die Hinrichtung von gefangenen Partisanen und umfangreiche Deportationen von Zivilisten, ob sie nun einer Aktion gegen die Besatzungsmacht verdächtig waren oder nicht. Unschuldige Menschen wurden in Zwangsarbeitslager irgendwo innerhalb des Großdeutschen Reiches oder dessen Einflußsphäre deportiert. Die Verwicklung

Waldheims in diesen Fall Kozara ist nie ganz geklärt worden, aber der Verdacht gegen ihn stammt aus seiner Dienstzeit als subalterner Offizier in der Quartiermeister-Abteilung, die eine Anzahl von Aufgaben zu erledigen hatte, darunter auch den Transport von Gefangenen und Vertriebenen. In dieser Hinsicht soll Waldheim ausschließlich Nachschubfragen bearbeitet haben.

Der OSI-Bericht behauptet nun über die Vorgänge im Raum von Kozara, es könne kein Zweifel darüber bestehen, daß der Quartiermeisterstab, in dem Waldheim diente, „an Maßnahmen teilhatte, die zur Hinrichtung oder Deportierung von Gefangenen in Konzentrationslager oder Zwangsarbeitslager außerhalb Bosniens führten." Jedoch fand die internationale Historikerkommission „keine konkreten Beweise für eine Teilnahme Waldheims an der Lösung von Transport- oder Lagerproblemen."

Im August 1987 nahm ich an einem Seminar über deutsche Angelegenheiten an der John Hopkins University teil, dem auch einige meiner früheren Kollegen, die noch für die Regierung arbeiteten, beiwohnten. Zwischen den Sitzungen plauderten wir bei einer Tasse Kaffee über den Zustand der Welt und wer was dazu beitrug, diese Welt noch gefährlicher zu machen. In einer Pause brachte ich das Thema des österreichischen Präsidenten und der Anschuldigungen gegen ihn vor. Ich sagte: „Ich versuche herauszufinden, was unsere Regierung gegen Kurt Waldheim hat, aber bis jetzt habe ich nichts herausgefunden." Diese Bemerkung rief eine Fülle von Erklärungen dieser

Spezialisten für das deutschsprachige Europa hervor, die darauf hinausliefen, sie hätten alle dieselbe Erfahrung gemacht. Ihre spontanen Reaktionen zeigten, daß sie nur zu gerne über dieses Thema reden wollten.

Meine Kollegen besaßen alle sowohl das Wissen als auch die Möglichkeiten der Nachforschung, um einschätzen zu können, wie richtig oder unrichtig die Berichterstattung der Medien über die Lebensgeschichte Waldheims und seine Militärdienstzeit im Dritten Reich waren. Beamte des Nachrichtendienstes sind in der Lage, jede ausländische Angelegenheit in ihrem Sachgebiet zu studieren. Für den Fall, daß sie die in der Öffentlichkeit bekannt gewordenen Berichte über dieses Thema für unrichtig oder teilweise unrichtig hielten, war es für sie leicht, entsprechende Nachforschungen anzustellen. Keiner dieser langgedienten Beamten, die sich jahraus jahrein mit europäischen politischen Themen beschäftigten, glaubte, daß die amerikanische Regierung wußte, was sie in der Waldheim-Affäre tat. Und ihre Meinung über die Berichte in den Medien war dementsprechend negativ.

Ungeachtet meiner schon sehr stark entwickelten Skepsis in der Waldheim-Frage war doch diese Einmütigkeit in der Beurteilung durch meine Kollegen eine außerordentliche Überraschung. Den Hauptteil der Konversation bestritten drei Analytiker, die jeder einer anderen Sektion der verschiedenen Regierungsdienste angehörten. Einer meiner Gesprächspartner hatte eine Zusammenfassung über die Kontroverse rund um Waldheim verfaßt. Jedoch wurde ihm, nachdem dieser Bericht bei den zuständigen Stellen zirkuliert hatte, erklärt, er solle über dieses Thema nichts schreiben. Der Beamte, dessen Arbeit mir gut bekannt war und der als besonders begabter Analytiker der politischen Vorgänge im deutschsprachigen Europa galt, hatte mehrere Erklärungen für den Streit um Waldheim verfaßt, aber keine wurde akzeptiert. Daher vervielfältigte man sie gar nicht oder ließ sie etwa gar innerhalb der Regierung zirkulieren. Das ist allerdings der Zweck solcher Berichte. Einer meiner Kameraden aus dem Nachrichtendienst meinte: „Es ist mir noch nie zuvor passiert, daß man eine Arbeit von mir zurückgehalten hätte."

Diese Bemerkung war nur die Spitze eines Berges von Beschwerden. Es war uns allen klar, daß die Deutschland-Spezialisten mit ihren Aussagen ihre Kompetenz weit überschritten hatten, denn ich gehörte ja nicht mehr zum inneren Kreis, und es war ja nicht ausgeschlossen, daß ich über die von ihnen erlangten Informationen irgendwo schreiben würde. In Washington blüht der Handel mit Informationen, und sein Ziel ist es nicht immer, der Wahrheit zu dienen. Mit dieser Entdeckung der Realität hinter der Waldheim-Geschichte wich mein Skeptizismus meiner Überzeugung, daß die amerikanische Regierung hier ein Problem habe, weitaus ernster als jenes des Österreichers. Es ist schon schlimm genug, wenn Regierungen falsche Antworten erteilen, aber noch schlimmer ist es, wenn der Regierungsapparat manipuliert werden muß, um ein solches Ergebnis zu erzielen.

In Büchern über den „Watergate"-Skandal, durch den Präsident Richard Nixon zu Fall kam, waren Berichte über Verschwörungen zu lesen, die die Atmosphäre in Washington jener ähnlich erscheinen ließen, die die Kinobesucher zwanzig Jahre früher als das „Wien des dritten Mannes" bezeichnet hätten. Nämlich ein Wien, dessen Kaffeehäuser, Hinterhöfe und selbst Straßenecken zum Schauplatz finsterer Geschäfte gemacht wurden.

Ungeachtet meiner Verbindung mit der CIA gehören meine Freunde doch keineswegs zu den Liebhabern von Verschwörungen. Als wir aber versuchten, die Erfahrungen über den Fall Waldheim, die wir bei dem Seminar erworben hatten, zu verwenden, um weitere Erkenntnisse über unsere mit europäischer Politik befaßten Regierungsstellen zu erlangen, wurden diesbezügliche Gespräche nur noch sehr kurz und vorsichtig geführt.

„Ich würde gerne einige Fragen über die Affäre dieses Österreichers Kurt Waldheim stellen." Nach einer Pause: „Na, ja, weil du es bist, werde ich deine Fragen beantworten. Aber bitte, wir wollen diese traurige Angelegenheit nicht im Detail diskutieren." Die eine Frage lautet: „Warum hast du denen da oben nicht gesagt, daß Kurt Waldheim kein Naziverbrecher ist?" Die Antwort: „Sie wollten es nicht hören."

„Sie da oben" waren unsere Vorgesetzten, denen meine Freunde und ich zuarbeiteten, um ihnen die Realitäten dieser Welt zu erklären. Diese Bosse wußten nicht mehr über die Waldheim-Angelegenheit als daß sie tabu war.

Aber nicht alle von ihnen waren wirklich uninformiert. Ein Freund, der mit meiner Suche nach der Wahrheit in der Waldheim-Angelegenheit sympathisierte, rief mich an und vereinbarte ein Mittagessen mit mir. Dieser freundliche Informant bestand darauf, nicht im Inneren des Restaurants zu speisen, sondern an einem Tisch im Garten. Das Wetter war schön, und die Information, die ich erhielt, war die wichtigste, die ich bis zu diesem Zeitpunkt gehört hatte: Wenn die Regierung etwas getan hat, was Personen innerhalb des Apparates ablehnen, dann pflegen diese ihre Einwände für sich zu behalten, um mit ihrer übrigen Arbeit fortzufahren, es sei denn, sie hätten Anlaß, das Establishment herauszufordern. Im ganzen schien das „Amerikanische Establishment" zu glauben, daß die mediale Lynchjustiz und das nachfolgende unzeremonielle Begräbnis des Kurt Waldheim eine lästige politische Notwendigkeit gewesen seien.

Die „Freiheit“ der Information

Ziemlich zur selben Zeit traten drei Ereignisse ein: Zunächst kam der Augenblick der Wahrheit, den meine früheren Kollegen, die den Nachrichtendienst der amerikanischen Regierung in bezug auf das deutschsprachige Europa besorgen, mir verschafften. Gleichzeitig begann die internationale Historiker-Kommission in Wien mit den Untersuchungen über den Lebenslauf Kurt Waldheims, speziell über die Ereignisse in der Kriegszeit. Und in London begann die Fernsehfirma „Thames TV" mit ihrer Arbeit für den Scheinprozeß, den sie in Sachen Waldheim führen wollte. Sowohl die Fernsehgesellschaft als auch die Historiker-Kommission wandten sich an das amerikanische Justizministerium und forderten die Ankläger Kurt Waldheims auf, die Grundlagen für ihre Anschuldigungen beizustellen, aber sie wurden kurzerhand abgewiesen. Die Amerikaner betrachteten die Aufdeckung der Vergangenheit Waldheims als ihre ureigene Angelegenheit. Man brauchte keinen Ausländer, um bei der Erklärung, was eigentlich vor vierzig Jahren in Europa geschehen war, mitzuhelfen.

Die Historiker-Kommission schloß ihre Untersuchungen nach sechs Monaten ab, in welcher Zeit auch der Fernseh-Prozeß der „Thames TV" fertiggestellt wurde. Dieser TV-Bericht über die „Verhandlung gegen Waldheim" wurde in den USA nur einmal, und zwar im „Home Box Office" gezeigt. Berichte über Historiker-Kommission und TV führten zu einer neuen Serie von Artikeln über die Tätigkeit Waldheims im Zweiten Weltkrieg, die aber keineswegs auf den Ergebnissen der Kommission oder des TV-Films beruhten. Vielmehr hatten Waldheims amerikanische Ankläger – offenbar in der Sorge, daß Historiker Bericht und Film im US-Publikum Zweifel an ihrer eigenen Version erwecken könnten, die Medien mit einer neuen Serie von Anschuldigungen versorgt. Wie ich später erfuhr, entnahmen sie das Material dem Akt des Justizministeriums, der die Presse-Aussendungen zur Unterstützung der „Watchlist-Entscheidung" enthielt.

In einem dieser Artikel, veröffentlicht von einer Washingtoner Zeitung, wurde ein Sprecher des Justizministeriums als Quelle zitiert. Ich rief daraufhin diesen Mann an und bat um Auskunft, fand ihn aber eher ablehnend. Er war jedoch bereit, mich an das Nationale Archiv zu verweisen. Eine Nachforschung dort brachte aus der Fülle von Wehrmacht-Akten des Archivs ein Dokument zutage. Dieses Dokument nun ließ einen Vergleich mit der Interpretation zu, die Waldheims Ankläger, aber auch die amerikanische Regierung der bisher vorliegenden Information über Waldheim gegeben hatten.

Ich wandte mich nun an die Reporterin jenes Nachrichtendienstes, die den ursprünglichen Bericht verfaßt hatte. Ich sagte ihr, daß die Auslegung des von ihr zitierten Dokuments nicht korrekt sei. Sie antwortete darauf: „Ist das nicht eine Frage des Gesichtspunktes?" Ich stimmte dem zwar zu, blieb aber dabei, daß ihre Interpretation falsch sei. Die Journalistin war nicht an den Einzelheiten der Tatsachen interessiert, über die sie geschrieben hatte. Aber sie verlangte meine Telefonnummer und versprach, daß sie, sollte sie noch mehr über Waldheim schreiben, mich anrufen werde. Da ein solcher Anruf ausblieb, kann ich annehmen, daß sie über Waldheim nichts mehr geschrieben hat, zumindest nichts, was in Washington veröffentlicht worden wäre.

* * *

Diese Vorgänge im März 1988 machten es deutlich, daß das Justizministerium von den Anklägern Waldheims zum Komplizen gemacht worden war. Das Ministerium war somit – vielleicht ohne es offiziell zu realisieren – zu einem Bestandteil der Propaganda-Kampagne gegen Waldheim geworden. Wenn die Berichterstatter einer so umstrittenen und komplizierten Angelegenheit sich nicht auch wenigstens für die Argumente der Gegenseite interessieren und diese zu Wort kommen lassen, so bedeutet das den Übergang von Berichterstattung zu reiner Propaganda. Es ist ein alter Trick gewiefter Propagandisten, verschiedene Quellen dazu zu verwenden, eine falsche Information zu untermauern. So wie die Dinge lagen, schien es mir nun daher notwendig, vom Justizministerium den gesamten Akt Waldheim anzufordern.

Mein erstes Ansuchen um die Waldheim-Akte wurde – nach langem Schweigen – negativ beantwortet. Das Ministerium informierte mich, daß der „Kurt-Waldheim-Report", den ich angefordert hatte, jener Bericht sei, der vom OSI für den Justizminister vorbereitet worden war. Dieses Dokument mußte aufgrund einer Regierungsverordnung zurückgehalten werden, welche „den die Entscheidung herbeiführenden Prozeß des Ministeriums schütze."

Gegen diesen Bescheid erhob ich den Einwand, daß mich nicht interessiere, wie das Ministerium zu seiner Entscheidung komme, sondern daß ich vielmehr zu erfahren wünsche, welche Tatsachen über die Tätigkeit Waldheims während des Dritten Reiches dem Justizminister vorgelegt worden waren. Diese Tatsachen seien öffentlich zugänglichen Quellen entnommen worden, einschließlich erbeuteter Dokumente, die keinerlei Schutz bedürfen. Es bestehe ein legitimes öffentliches Interesse an der Kenntnis dieses Berichtes, aufgrund dessen der Justizminister seine Entscheidung getroffen habe. Auch diese Berufung wurde abgewiesen, und zwar durch ein Schreiben, das in Ton und Inhalt den Eindruck bei mir erweckte, einer unüberwindlichen Mauer des Schweigens gegenüberzustehen.

Im Bestreben, die Regierung durch einen Gerichtsbeschluß zur Herausgabe der Waldheim-Akte zu zwingen, entwarf ich eine entsprechende Beschwerde und übersandte sie einer Anwaltskanzlei in Washington, die eine Bürgerrechtsgruppe, nämlich die „Vereinigung zum Schutz der Bürgerrechte", vertritt. Ich legte einen Brief mit der Frage bei, wie eine solche Klage am besten eingereicht werden könne. Schon wenige Tage später rief mich einer der Anwälte an und sagte mir, seine Kanzlei bereite schon einen entsprechenden Schriftsatz aufgrund des „Freedom of Information Act" (FOIA) vor, um für einen anderen Klienten, einen Reporter, das Waldheim-Dossier zu erhalten. Er fragte mich, ob ich bereit wäre, als Mitkläger dieser Sache beizutreten? Es werde keine Anwaltskosten geben. Das war ein Angebot, dem ich nicht widerstehen konnte.

Die Klage wurde im Jänner 1989 dem Gericht für den Distrikt von Columbia (Washington) eingereicht. Ich selbst habe mich mit einem Affidavit der Klage angeschlossen und darin mein Interesse an der Enthüllung der tatsächlich vorliegenden Beweise gegen den österreichischen Präsidenten erklärt. Mein Mitkläger, ein Radioreporter, schied später aus dem Verfahren aus, weil er seinen Beruf wechselte und sich dem Jusstudium widmete. Die Klage hatte er 1987 im Auftrag seiner Brotgeber, eines Senders, bald nach dem Entscheid, Waldheim auf die „Watchlist" zu setzen, eingereicht.

Das Justizministerium suchte ein summarisches Urteil

zu erzielen, das unsere Klageforderung abwies. Es argumentierte auf verschiedene Weise, daß die Akten im Fall Waldheim von den Bestimmungen über Freigabe aufgrund des „Freedom of Information Act" ausgenommen sein sollten. Unser Anwalt fand den Widerstand des Ministeriums gegen eine Veröffentlichung außergewöhnlich hart. Nichtsdestoweniger genehmigte der Richter nur beschränkt Ausnahmen von der Erfordernis der Aktenenthüllung. Er verkündete aber im April 1992 dennoch ein Urteil, das im großen und ganzen die Forderungen der Kläger, also unsere, befriedigte. Die Beweise für den Fall und die historische Information, die verwendet wurde, um die Entscheidung für die „Watchlist" zu begründen, sollten freigegeben werden.

Auch die österreichische Botschaft hatte die Freigabe der Akten vom Justizministerium verlangt, sowohl der Anwalt als auch ich trafen mit dem Botschafter zusammen, um die Angelegenheit zu besprechen. Das Urteil des Bezirksgerichts war zwar positiv, aber wir warnten den Botschafter, daß das Justizministerium sehr wahrscheinlich eine Berufung einlegen werde. Wir schlugen vor, Anstrengungen zu unternehmen, um den Fall Waldheim in der Öffentlichkeit präsent zu halten, indem man durch die Medien die Frage stelle, was das Ministerium nun eigentlich verheimlichen wolle.

Der Botschafter lehnte diesen Vorschlag nicht ab, schien aber nicht allzu begeistert zu sein. Daher schlug ich vor, einen entsprechenden Entwurf für eine solche Erklärung zu verfassen. Eine Einschaltung in der „Washington Post" würde aber mehr Wirkung haben, wenn sie vom Botschafter unterzeichnet sei. Er widersprach mir nicht, aber es wurde schließlich doch beschlossen, daß es besser sei, wenn dieser Kommentar doch von mir, einem US-Staatsbürger, gezeichnet wäre. Ich unterzeichnete den Text, und die „Post" veröffentlichte nach einigen weiteren Verzögerungen meine Bemerkungen über das geheimnisvolle Verhalten der amerikanischen Justiz in der Affäre Kurt Waldheim. Zu diesem Zeitpunkt hatte aber das Justizministerium schon gegen die Entscheidung der unteren Gerichtsinstanz Berufung eingelegt.

Einen Hinweis, wie man in der „Washington Post" die Sache rund um Waldheim betrachtete, bot das Verhalten des jungen Redakteurs der „Post", als er sich persönlich nach meinem Background sowie auch nach den Gründen für mein Waldheim-Interesse erkundigte. Aus seinem Verhalten ging völlig klar hervor, daß er die Aufgabe, mit einer Person zu sprechen, die sich offenbar zugunsten Kurt Waldheims einsetzte, nicht freiwillig übernommen hätte. Ich versuchte daraufhin die schwierige Aufgabe des jungen Mannes zu erleichtern, übersah seine nervöse Ungeduld und widerstand sogar dem Drang, meine Sympathie für die unangenehme Rolle, die ihm von seiner Redaktion aufgezwungen worden war, zum Ausdruck zu bringen.

Die Bürgerrechtsanwälte waren mit Eifer darauf aus, in die Verstecke der Regierung einzudringen. Sie sahen den

Fall Waldheim durchaus in einer großzügigen Weise, die mich befriedigte. Ihre Klage, vorbereitet für die mündliche Verhandlung vor dem Appellations-Gerichtshof der höheren Instanz am 17. Dezember 1992, enthielt zwar die im folgenden angeführten Punkte, die sich mit dem Verhalten Waldheims in seiner Dienstzeit auf dem Balkan befaßten. Zu meinem Bedauern betrafen sie aber nicht das meiner Beschwerde zugrundeliegende Problem, die Forderung nach Freigabe der Waldheim-Akten aufgrund des „Freedom of Information"-Gesetzes. Das beklagte Justizministerium verlangte aber in seiner Berufung gegen das Urteil des Distrikt-Gerichtshofes, das das Ministerium zur Freigabe der von uns geforderten Informationen verpflichtet hatte, eine Ausnahme von dieser vom Distrikt-Gerichtshof geforderten gesetzlichen Verpflichtung machen zu dürfen.

Die Eingabe der Anwälte führte unter anderem die folgenden Tatsachen an:

„Weder Griechenland noch Jugoslawien, deren Bevölkerungen angeblich von Waldheim verfolgt worden sind, haben ihn der Kriegsverbrechen angeklagt."

„Im Gefolge der Entscheidung des Justizministers hat jedoch ... die österreichische Regierung eine „Historiker-Kommission", zusammengesetzt aus internationalen Experten für das Dritte Reich (einschließlich eines Repräsentanten der Vereinigten Staaten), einberufen. Diese hat eine unabhängige Untersuchung des Verhaltens Waldheims in der Zeit des Zweiten Weltkriegs vorgenommen und ist zu dem Schluß gekommen, daß die Beweise nicht zeigen, daß Waldheim persönlich die Nazis unterstützt habe."

„Im Oktober 1989 hat die britische Regierung einen Bericht veröffentlicht, der zu demselben Schluß kommt."

Obgleich diese Punkte im Widerspruch zu den offenkundigen Voraussetzungen der Watchlist-Entscheidung der US-Regierung standen, haben sich die Richter des Berufungsgerichtes doch ohne Rücksicht darauf hauptsächlich mit der Fragen befaßt, ob das Justizministerium eine rechtliche Grundlage hatte, seine Unterlagen, aus denen hervorging, warum und wie es zur „Watchlist"-Entscheidung gekommen war, nicht freizugeben. Den Ausführungen der Richter war schwer zu folgen, wie die Reaktionen zeigen werden.

Mein Anwalt fand, daß seine Argumentation nicht entsprechend gewürdigt worden sei. Ich fand die Diskussion im Verlauf des Verfahrens in bezug auf die Hauptfragen des Falls Waldheim für irrelevant. Es war deutlich, daß die Richter bemüht waren, die Reputation der Regierung in dieser heiklen Frage zu schonen.

Die treffendste Beurteilung dieser juristischen Vorgänge stammen von David Binder, einem erfahrenen Reporter für das deutschsprachige Europa, der für die „New York Times" arbeitet. Er war damals stark genug am Fall Waldheim interessiert, um an der öffentlichen Verhandlung teilzunehmen. Binder sagte: „Es zeigt sehr klar, daß die Justiz am Ufer des Wassers stehen bleibt." Obwohl in der amerikanischen Verfassung ein gesetzlicher Schutz verankert ist, erstreckt sich dieser nicht auf im Ausland lebende Ausländer (die nicht die amerikanische Staatsbürgerschaft besitzen). Daher konnte die US-Justiz sich nicht mit dem Fall Waldheim befassen.

Wie erwartet, entsprach das Urteil des Appellations-Gerichtshofes, das erst neun Monate später veröffentlicht wurde, weitgehend dem Wunsch des Justizministeriums, seinen „Prozeß der Nachforschung und Überlegung" zu schützen. Der Fall wurde an die untere Instanz zurückverwiesen mit dem Auftrag, mehr in die Einzelheiten zu gehen und auch eine restriktivere Entscheidung zu fällen, welche Dokumente hinsichtlich des Falls Waldheim veröffentlicht werden können. Jedoch bevor dies geschah, trat ein unerwartetes Ereignis ein, das nun das Justizministerium veranlaßte, seine Haltung in dieser Frage neu zu überdenken.

Im Herbst 1993 veröffentlichte der Verlag „Saint Martin's Press" in New York das Buch „Betrayal: The Untold Story of the Kurt Waldheim Investigation and Cover-Up" („Verrat: Die unbekannte Geschichte der Waldheim-Untersuchung und ihrer Vertuschung") von Eli M. Rosenbaum und seinem Co-Autor William Hoffer. Der junge Anwalt Rosenbaum war ein Ermittler des „World Jewish Congress" in New York gewesen, als dieser 1986 begann, an der politischen Verleumdungskampagne gegen Kurt Waldheim teilzunehmen. Zu jener Zeit also, als Waldheim Kandidat der Volkspartei für die Bundespräsidentschaft von Österreich war. Davor war Rosenbaum Angestellter des OSI des Justizministeriums gewesen. Zu der Zeit, als das Buch „Betrayal" veröffentlicht wurde, war er – und ist es jetzt wiederum – ein Beamter des Ministeriums, nun als Chef des OSI. Obwohl er diesen Ausdruck nicht benützt hat, kann doch kein Zweifel daran bestehen, daß Rosenbaum der amerikanische Hauptankläger Waldheims ist.

Rosenbaums Buch läßt sich nicht in kurzer Form beschreiben. Es stellt eine Anklage gegen Waldheim dar, die zugleich die Frage aufwirft, ob nach dieser umfassenden Veröffentlichung noch irgendwelche Vorwürfe gegen Waldheim existieren, die der Öffentlichkeit nicht zugänglich sind. Diese Frage, zusammen mit noch weiteren, die dem Justizministerium vorlagen, verursachten daher dessen Entscheidung, nun den gesamten Waldheim-Akt im Gegensatz zur historischen Methode der Geheimhaltung doch der Öffentlichkeit zugänglich zu machen.

Zu Weihnachten 1993 habe ich zum ersten Mal davon gehört, daß der Waldheim-Akt vom Justizministerium veröffentlicht werde. Diesbezügliche Nachrichten sind während der nächsten Monate regelmäßig in den Medien erschienen, wobei jedesmal die gesamten Anklagen des OSI gegen den österreichischen Bundespräsidenten von den Zeitungen und den Fernsehanstalten wiederholt wurden. Eine dieser Veröffentlichungen enthielt Details, von denen ich wußte, daß sie einer fehlerhaften Nachforschung des „World Jewish Congress" entstammten.

Die Ankläger Waldheims im OSI benützten die bevorstehende Veröffentlichung durch das Ministerium, um weitere Wiederholungen ihrer gegen Waldheim gerichteten Behauptungen in die Presse und das Fernsehen zu bringen. Der Appetit der Redakteure auf immer neue Geschichten über Kurt Waldheim hatte offenbar nicht abgenommen, obgleich acht Jahre vergangen waren, seit die ersten Vorwürfe die große Sensation in der internationalen Presse gewesen waren. Genaugenommen gab es nichts Neues in diesen Nachrichten-Serien der Agenturen. Es gab aber eine Reihe von Ungenauigkeiten; so behauptete ein Bericht, der „World Jewish Congress" in New York, auch Journalisten und „andere" hätten eine Klage nach dem „Freedom of Information Act" eingereicht, um zu bewirken, daß die Waldheim-Akte veröffentlicht werde. Da ich als der Kläger jener „andere" bin, fand ich diese Verdrehung der Dinge etwas grotesk.

Was den Justizminister schließlich endgültig beeinflußt haben mag, den Akt zu veröffentlichen, war ein Bericht von Reuter aus Washington, datiert vom 11. März 1994, der von „Exzerpten" des offiziellen Berichtes sprach, die von den Agenturen gemeldet würden. An diesem Abend wurde wohl im Justizministerium bis spät in die Nacht gearbeitet. Am nächsten Morgen wurde mein Frühstück von einer netten jungen Dame unterbrochen, die sich als Beamtin des OSI vorstellte. Sie überreichte mir ihre Visitenkarte sowie eine Kopie des OSI-Berichtes für den Justizminister, Edwin Meese, mit dem Titel „In der Angelegenheit Kurt Waldheim". Er trug das Datum 9. April 1987, der Bericht war also fast sieben Jahre alt. Schon am Abend zuvor war ein entsprechender Bericht auf dem Computer der „New York Times" eingelangt. Das Justizministerium hatte also nicht nur mich als den Kläger informiert, sondern wie gewöhnlich schon vorher auch die Medien.

Der „World Jewish Congress" als Quelle

In Österreich weiß man, daß die Idee, ein Mediengewitter gegen Kurt Waldheim zu entfesseln, nicht in den USA entstanden ist, sondern daß das Konzept, seine „Nazi-Vergangenheit" aufzurollen, aus Österreich stammt, und zwar aus den Reihen der Sozialistischen Partei dieses Landes. Die Österreichische Volkspartei hatte Kurt Waldheim als Kandidaten für die Bundespräsidentschaftswahlen im Jahr 1986 aufgestellt. Bis dahin, seit 1945, hatte aber die Sozialistische Partei stets den Bundespräsidenten gestellt. Es waren das der Reihe nach Renner, Körner, Schärf, Jonas und zuletzt Dr. Kirchschläger, der zwar kein sozialistischer Führer war, aber als Kandidat Bruno Kreiskys von dieser Partei nominiert worden war.

Waldheim war bis 1970 Außenminister gewesen und 1972 zum Generalsekretär der Vereinten Nationen gewählt worden, welches Amt er zehn Jahre bekleidete. Diese Tatsache verschaffte ihm in Österreich eine außerordentlich hohe Reputation, und die Sozialisten mußten fürchten, daß ihr Kandidat, ein geachteter, aber nicht sehr populärer Arzt namens Dr. Kurt Steyrer, dem viel bekannteren Dr. Waldheim bei den Wahlen unterliegen würde. Daß hier der Ursprung der ganzen Wahlkampagne zu suchen ist, wurde in amerikanischen Medien im allgemeinen nicht beachtet. Den sozialistischen Gegnern des Dr. Kurt Waldheim ging es dabei begreiflicherweise wohl darum, das hohe internationale Ansehen, das er als Generalsekretär der Vereinten Nationen durch zehn Jahre genoß, zu unterminieren. In der deutschen Wehrmacht war Kurt Waldheim Oberleutnant gewesen, und zwar zuletzt im Stab einer Heeresgruppe auf dem Balkan. Aber das war kaum geeignet, bei der Mehrzahl der österreichischen Wähler einen negativen Eindruck zu erwecken.

Also ging es darum, seine internationale Reputation anzugreifen. In seinem Buch „Betrayal" hat Rosenbaum zu Beginn der „Waldheim-Kampagne" des jüdischen Weltkongresses als seinen wichtigsten Informanten einen österreichischen sozialistischen Funktionär genannt. Aber er betonte auch, daß er, Rosenbaum, sich verpflichtet hätte, dessen Identität geheimzuhalten. Denn die „New York Times" hatte, bevor sie mit ihrer kritischen Berichterstattung über Waldheim begann, die redaktionelle Entscheidung getroffen, wonach sie entsprechend den Wünschen von Rosenbaum ebenfalls die Anonymität des sozialistischen Funktionärs in Wien, der sich als Informant zur Verfügung stellte, wahren werde. Die Berichterstattung über den Fall Waldheim lief zunächst über das Bonner Büro der „New York Times", und wie Rosenbaum berichtet, hatte sich zunächst der dortige Bürochef geweigert, den Namen des österreichischen sozialistischen Informanten geheimzuhalten. Jedoch erhielt er von seiner New Yorker Redaktion den entsprechenden Auftrag, diese von Rosenbaum gestellte Bedingung zu akzeptieren.

Einige Berichterstatter haben auch angeführt, daß die Sozialistische Partei Österreichs den Jüdischen Weltkongreß zu Hilfe gerufen habe, weil man in Wien befürchtete, eine nur auf Österreich beschränkte Kampagne gegen Waldheim könnte bei der Bevölkerung schlecht ankommen und gerade bei jenen Leuten, die noch gewisse Sympathien für die Nazis hätten, Stimmung gegen die SPÖ erzeugen. Ich halte das für einen Unsinn. Wer immer die Idee geboren hat, Waldheim als einen Nazi anzugreifen, mußte doch wissen, daß ein solcher Angriff nur dann erfolgreich sein würde, wenn der Fall sowohl in die breite Öffentlichkeit dringen, als auch glaubhaft gemacht werden könne. Ansonsten würden viele Wähler die Anklagen als verleumderisch betrachten und genau das zu einer Ablehnung der Angreifer führen.

Zweifellos war es der SPÖ nicht gelungen, in den Monaten der Suche nach Angriffspunkten gegen Waldheim entsprechendes Beweismaterial in ausreichender Menge aufzutreiben. Darum wandte man sich auch an den Jüdischen Weltkongreß, um sozusagen eine zweite Front gegen den Kandidaten der Volkspartei zu eröffnen. Der Jüdische Weltkongreß wiederum war eifrig darauf aus, Schläge gegen irgendein Symbol des Dritten Reiches zu führen. Allerdings gab es im WJC niemanden, der die

Probleme und Vorgänge in der österreichischen Innenpolitik genügend verstanden hätte, um eine warnende Stimme zu erheben und zu Zurückhaltung zu raten.

Dieses Experiment freiwilliger Kooperation mit einer amerikanischen Organisation auf der Suche nach Aufmerksamkeit in den Medien hätte sich vielleicht als wirkungsvoller Schachzug erweisen können, wäre es mit der entsprechenden Zurückhaltung geschehen. Eine sanfte Begleitmusik aus der Kulisse hinsichtlich der Anklagen gegen Waldheim als Nationalsozialisten würde vielleicht dem Kandidaten der SPÖ bei den so wichtigen Bundespräsidentschaftswahlen genützt haben. Amerikanische Selbstgerechtigkeit kann jedoch manchmal explosive Kraft erhalten. Durch die gewaltige Ausdehnung der Kampagne mit Hilfe des Jüdischen Weltkongresses wurde aber der Sozialistischen Partei Österreichs eine mächtige Symphonie höchst zweifelhafter Anklagen gegen den Kandidaten Waldheim ins Haus geliefert. Die Folge war, daß die Mehrzahl der österreichischen Wähler die Vorwürfe für unbegründete ausländische Einmischung hielten. Die Kampagne der SPÖ, den ÖVP-Kandidaten „braun zu bemalen", erwies sich als ein bemerkenswerter Rohrkrepierer.

Der Autor mißtraut Meinungsumfragen, aber aus Wahlresultaten lassen sich doch wesentliche Faktoren der Meinungsbildung ablesen. Bei der österreichischen Bundespräsidentenwahl 1986, und zwar im zweiten Wahlgang, erreichte Waldheim fast 54 Prozent und sein sozialistischer Gegner nur 46 Prozent der Wählerstimmen. Es war also ein deutlicher Wechsel von mehr als drei Prozent der Wähler zu dem Kandidaten der Volkspartei zu verzeichnen. Die aus dem Ausland kommende Einmischung wurde von einem Teil der Österreicher bedauert. Auch von den Führern der Sozialistischen Partei, die ja zu den Opfern gehörten. dieser Interventionen zählten. In Amerika aber mit seinem verhältnismäßig schlecht informierten Publikum war es möglich, dieses Wahlresultat, das zu einem entscheidenden Sieg des konservativen Kandidaten geführt hatte, als ein Ergebnis fremdenfeindlicher und antisemitischer Erklärungen von Waldheims Verteidigern darzustellen. Gewiß hat es einiges von dieser Sorte gegeben, aber vernünftige Wähler in Österreich hatten guten Grund, über die oft rücksichtslosen und falschen Anklagen, die man gegen den konservativen Präsidentschaftskandidaten vorgebracht hatte, empört zu sein.

* * *

Die Anti-Waldheim-Kampagne des Jüdischen Weltkongresses führte zu einer ganzen Varietät von Beschuldigungen, aber nur eine von ihnen brachte wirklich ernsthafte Fragen hervor und erwies sich auch in den veröffentlichten Arbeiten des WJC als beständiges Thema. Sie schien dem Feuersturm der Kritik in der internationalen Presse, welche die österreichischen Wahlen begleitete, auch eine gewisse Substanz zu verleihen. Sie stammte aus der Entdeckung des alliierten Zentralregisters der Kriegsverbrecher und der Sicherheitsverdächtigen, datiert vom Juni 1948, in dem der Name Kurt Waldheim als eines angeklagten Kriegsverbrechers aufschien. Professor Herzstein, der damals in den National Archives der USA als Beauftragter des WJC arbeitete, entdeckte den Namen Waldheim auf dieser Liste.

Die Waldheim-Biographie von Herzstein enthält einen Bericht, wie und warum die jugoslawische Regierung den Österreicher auf diese Kriegsverbrecherliste der Vereinten Nationen setzen ließ. Er beruht auf den Nachforschungen des Professors in Belgrad. Seine Schlußfolgerung lautet, wie schon berichtet, daß die Anklage gegen Waldheim grundlos war und hauptsächlich auf den erwähnten, aber später sich als falsch herausgestellt habenden Behauptungen eines Kriegsgefangenen namens Johann Mayer beruhte. Andere europäische Untersuchungen haben diesen Schluß bestätigt. Derartige Beweise, die die Anklage gegen Waldheim als Kriegsverbrecher zunichte machen, sucht man vergeblich in den Erklärungen des Jüdischen Weltkongresses. Sie sind offenkundig nicht in Betracht gezogen worden, ebenso wie der WJC Informationen des Berliner Dokumenten-Zentrums nicht zur Kenntnis nimmt, aus denen hervorgeht, daß Waldheim im Dritten Reich nicht der NS-Partei angehört hatte.

Die jugoslawischen Anklagen von 1948 waren für die Kampagne des Jüdischen Weltkongresses von zentraler Bedeutung. Die Ankläger, die in dessen Auftrag gegen den Österreicher Stellung nahmen, waren und sind offenkundig nicht bereit anzuerkennen, daß diese Anklage falsch war. In einer Besprechung des Buches von Rosenbaum, kurz nach dessen Veröffentlichung, führte Professor Herzstein aus:

„Anfang 1987 erhielt ich Informationen, die ich dann auch im weiteren veröffentlicht habe, die zeigen, daß die Anklagen von 1947 und 1948 gegen Waldheim politisch motiviert waren und dann wieder aus politischen Gründen von der Tito-Regierung fallengelassen wurden. Rosenbaum scheint jedoch nicht imstande zu sein, auf diese fabrizierten Anklagen zu verzichten."

Zu der Zeit, als Rosenbaums Buch 1993 erschien, dürften die einzigen Rechercheure in Sachen Waldheim-Affäre, die nicht zu dem Schluß gekommen sind, daß die jugoslawischen Anklagen fabriziert waren und Johann Mayers Aussage Meineid gewesen ist, nämlich Rosenbaum selbst und das Office of Special Investigation (OSI) des amerikanischen Justizministeriums gewesen sein. Und mit ihnen leider die Mehrzahl der amerikanischen Medienmacher. Nicht einmal die Jugoslawen haben bestritten, daß ihre Beschuldigungen von 1948 falsch waren. Rosenbaums Buch aber erwähnt Johann Mayer sechzehnmal. Diese Textbezüge sind alles Versuche, Berichte zu widerlegen, die zeigen, daß Mayer kein glaubwürdiger Zeuge war. Jene Reporter, die Mayers Aussagen in Frage stellten, hatten zu dessen überlebenden Kriegskameraden besseren Zugang und konnten deren

Aussagen besser bewerten als die amerikanischen Nachforscher. Rosenbaums angestrengte Bemühungen, Mayer als Zeugen zu rehabilitieren, wirken ein wenig wie jemand, der versuchen wollte, zu beweisen, daß Wasser bergauf fließt.

Herzsteins zusammenfassende Beurteilung des Buches von Rosenbaum ist aufschlußreich: „Manchmal schmerzhaft unvertraut mit der Organisation und den Prozeduren der deutschen Wehrmacht, scheint Rosenbaum zu glauben, daß Offiziere an der Front ungeduldig auf Leutnant Waldheims Berichte an seine Vorgesetzten im Hauptquartier warteten, bevor sie irgendwelche blutige und kriminelle Vergeltungsmaßnahmen gegen Juden und Partisanen ausführten. Wie die deutschen Dokumente klar beweisen, geschah dies in den allermeisten Fällen nicht. Rosenbaum vermischt in seinem ganzen Buch die Sünden der Einheit, bei der Waldheim diente, mit den Anklagen gegen Waldheim als Person. Er berichtet auch nicht, daß die Westmächte es im allgemeinen abgelehnt haben, einen der Kriegsverbrechen Verdächtigen anzuklagen, es sei denn, es gäbe einen Fall mit klaren Beweisen gegen ihn, die zeigten, daß die Person für Taten verantwortlich war, die sie allein befohlen oder ausgeführt hat."

Bei manchen Hinweisen von Herzstein habe ich gewisse Einwände. Aber sie scheinen im großen und ganzen doch eine sehr genaue Charakterisierung der Nachforschungen Rosenbaums darzustellen. Die Frage von Kriegsverbrechen ist doppelt verwirrend in den Texten über die Kriegsdienstzeit des Österreichers, weil seine amerikanischen Ankläger, und zwar sowohl die offiziellen als auch die inoffiziellen, sozusagen mit zwei Stimmen sprechen. Um die angeblichen kriegszeitlichen Vergehen Waldheims zu charakterisieren, ist die eine Stimme für die Medien und die andere zur Erklärung der Ansichten der amerikanischen Regierung in Wien bestimmt. Für die Medien wird Waldheim regelmäßig als Kriegsverbrecher hingestellt. Offiziell heißt es, er habe das „Holtzman Amendment" verletzt, in dem es heißt: „Half mit oder nahm in anderer Form an Verfolgungen teil". Ein amerikanischer Regierungsvertreter versicherte der österreichischen Regierung, daß sie Waldheim keineswegs als Kriegsverbrecher betrachte und daß das OSI keinerlei Mandat besitze, um ein solches Urteil über ihn zu fällen.

Das Buch Rosenbaums ist ein Sammelsurium unerklärter Behauptungen, falscher Annahmen und offenkundiger Irrtümer, aber es ist auch ein Buch, das sehr interessante Enthüllungen enthält. Es macht klar, daß sein Autor, während er als Propagandist für den Jüdischen Weltkongreß in New York tätig war, eng mit Neal Sher, dem damaligen Chef des OSI, zusammenarbeitete, der die offizielle Untersuchung gegen den österreichischen Bundespräsidenten leitete. In einer Atmosphäre possenhafter Verschwörung kam der Propagandist in das Zimmer eines Washingtoner Hotels. Dort gab es dann ein Klopfen an der Tür, und Rosenbaum erhielt die offiziellen Eingaben der Österreicher beim Justizministerium in Verteidigung ihres Staatschefs zum Studium. Diese „Unzukömmlichkeit" wurde gegenüber dem Justizministerium durch den Bürgerrechtsanwalt aufgezeigt.

Eine wichtige neue Publikation des Jüdischen Weltkongresses aus dem Jahr 1996 ist die Autobiographie von Edgar M. Bronfman, die auch ein Kapitel über Kurt Waldheim enthält. Dieses Werk mit dem Titel „The Making of a Jew" ist ein Bericht des Chefs des WJC über seine Leistungen als internationaler Staatsmann im Interesse der Juden. Bronfman sagt, daß seine Institution Eli Rosenbaum angeheuert habe, um die Kriegszeit-Aktivitäten Waldheims zu untersuchen, und das Waldheim-Kapitel in dieser Autobiographie macht es klar, daß Bronfman seinen Detektiv als eine verläßliche Quelle betrachtet. Diese Autobiographie wiederholt eine ganze Reihe Irrtümer, die in Rosenbaums Buch enthalten sind.

Wiederum besteht der Hauptirrtum darin, daß Bronfman die Ergebnisse anderer Nachforschungen über die Anklagen der Jugoslawen in Sachen Kriegsverbrechen, welche die UN im Jahr 1948 akzeptierten, nicht beachtet. Bronfman stimmt mit dem OSI des Justizministeriums und seinem Nachforscher Eli Rosenbaum überein, die inzwischen schon diskreditierten Anklagen der Tito-Regierung für beweiskräftig zu halten. Im Bronfman-Text werden sie als Presseaussendungen vorgelegt, die während des Wahlkampfes in Österreich 1986 vom WJC ausgegeben wurden. In Bronfmans Buch finden sich nicht einmal Versuche, diese Anklagedaten zu beurteilen oder gar sie zu verifizieren.

In dieser Bronfmanschen Autobiographie findet sich auch die unrichtige Behauptung, daß Waldheim seinen Angaben nach, an der Ostfront 1941 verwundet, nach Wien zurückgekehrt sei, um hier seine Studien fortzusetzen, und damit seine Kriegsdienstzeit beendet gewesen wäre. Tatsächlich hat sich Bronfman dabei auf die englische Ausgabe eines Buches Waldheims über seine Zeit als Generalsekretär der Vereinten Nationen bezogen und es unterlassen, die weit ausführlichere und umfangreichere deutsche Ausgabe dieses Buches „Im Glaspalast der Weltpolitik" (Düsseldorf, Econ 1985) einzubeziehen. Waldheim selbst berichtet in dem Buch auf Seite 42, daß er „nach seinem Studienurlaub und nach Heilung seines Beines wieder zum Dienste bei der Truppe einberufen worden sei und sich im Jahr 1945 knapp vor Kriegsende im Raum von Triest befunden habe“.

Bronfman schreibt Rosenbaum die Entdeckung zu, daß Waldheim Mitglied der nationalsozialistischen SA gewesen sei. Diese Meldung ist häufig in amerikanischen Berichten über die Affäre erschienen, aber die Falschheit dieser Behauptung ist längst eindeutig bewiesen. Die SA war eine Gliederung der Nationalsozialistischen Partei, deren Mitglieder dem alliierten Entnazifizierungs-Gesetz unterworfen waren. Waldheim war kein Nazi. Außerdem, wäre er der SA beigetreten, so würde das zweifellos in der politischen Beurteilung Waldheims durch den Gauleiter von Niederdonau aus dem Jahr 1940 aufscheinen. Vielmehr fand sich dort ein deutlicher Hinweis auf seine Feindschaft gegenüber der Nationalsozialistischen Bewegung. (Ein diesbezügliches Dokument ist als Photokopie in dem Werk „Kurt Waldheims Kriegsjahre – Eine Dokumentation", Herold-Verlag Wien 1987 enthalten.) Bronfman schreibt auch von einer Zeremonie, die 1992 kurz vor dem Ende der Präsidentschaft Waldheims in München stattfand und an der neben Waldheim auch der deutsche Bundeskanzler Kohl teilnahm. Bronfman begreift nicht, daß es sich dabei um eine stille Demonstration gegen die ungerechte amerikanische Verfolgung Waldheims handelte. Die amerikanischen Reporter, die über dieses Ereignis berichteten, konnten auch nicht erklären, was diese deutsche Geste bedeutete. Entweder weil sie selbst an ihre frühere Berichterstattung über Waldheim glaubten oder aber weil sie nicht bereit waren, ihre Redakteure, die zweifellos weiterhin daran glaubten, zu verärgern. Bronfman hält das ganze für ein Bemühen Bundeskanzler Kohls um Stimmen rechtsextremer Wähler.

Diese beiden Bücher, der Bericht Rosenbaums über seine unablässige Verfolgung des österreichischen Bundespräsidenten und die Bemerkungen in der Autobiographie Bronfmans, zeigen, wie der Jüdische Weltkongreß bemüht war, die „Nazivergangenheit" Waldheims darzustellen. Sie sind repräsentativ für die Art des Vorgehens der Ankläger des Österreichers in Amerika. Diese Bücher lassen klar erkennen, wie unzuverlässig die Behauptungen des WJC sind. Nicht nur weil all das nicht berücksichtigt wird, was nicht in ihren Kram paßt, sondern weil nur negative Ausdrücke verwendet werden und kaum etwas von den wirklichen Tatsachen enthalten ist. Die Anklagen des JWC gegen Waldheim sind Propaganda im reinsten Sinn.

Die Autoren des Jüdischen Weltkongresses sprechen in ihren Anklagen gegen Kurt Waldheim als wahre Gläubige, das heißt, ihr Glauben an die Richtigkeit ihrer politischen Ansichten ist nicht zu erschüttern und die Mißachtung entgegengesetzter Meinungen ist absolut. Es gibt einige Hinweise auf ihre Ziele: Bronfman gibt zu, daß der Fall Waldheim eine ganz außerordentliche Publizität für den JWC bedeutete.

Ich persönlich stehe den Zielen des Jüdischen Weltkongresses keineswegs feindlich gegenüber. Meine Unterstützung für den Staat Israel wird als amerikanischer Steuerzahler gerne gegeben und ist nicht unbeträchtlich. Ich teile auch den Glauben Bronfmans, daß die Erinnerung an den Holocaust am Leben erhalten werden sollte, zumindest so lange, als auf dieser Welt noch immer Verachtung für andere, die man als Untermenschen betrachtet, so alltäglich ist. Aber diese Übereinstimmung schließt nicht die Anerkennung jener schlampigen und ungenauen Nachforschungen ein, die der WJC in seiner Verfolgung Kurt Waldheims unternommen hat. Das wahre Böse des Dritten Reiches wird in Israel oder selbst in Österreich weitaus besser verstanden.

Der Zusammenstoß des Jüdischen Weltkongresses mit der Geschichte hätte vielleicht nur wenige Auswirkungen gehabt, gäbe es nicht die bemerkenswerte Fähigkeit des Herrn Rosenbaum, Schlüsselpersönlichkeiten in den US-Zeitungen davon zu überzeugen, daß er weiß, wovon er spricht. Diese Fähigkeit wird in den Vereinigten Staaten keineswegs beklagt, sondern dieser Typ wird als eine der Figuren, welche die USA erst groß gemacht haben, respektiert. Immer noch ist der Mann, der den Eskimos Eiskästen verkaufen kann, als Archetyp unter den Charakteren, die es in Amerika zu Ansehen gebracht haben, führend. Aber selbst ein guter Verkäufer kann immer noch von einem anderen übertroffen werden, der sein Handwerk eben noch besser versteht.

Für diese Feststellung liefert Rosenbaum in seinem Buch Beweise, und zwar dort, wo er in Einzelheiten beschreibt, wie sein sozialistischer Informant in Wien ihn davon überzeugt, daß es keinen Sinn hätte, Simon Wiesenthal als einen Fachmann für das Dritte Reich anzusprechen. Wäre Rosenbaum imstande gewesen zu begreifen, daß Wiesenthal Hitlers Europa ganz besonders gut versteht, dann wären Österreich und den Vereinigten Staaten wahrscheinlich viele unerfreuliche Mißverständnisse erspart geblieben. Aber der sozialistische Informant (der Anwalt des Jüdischen Weltkongresses benützt als Pseudonym für ihn den Namen „Karl Schuller") erklärte Rosenbaum, daß die Loyalität Wiesenthals gegenüber der Volkspartei seine Sorge um die Wahrheit und Gerechtigkeit überlagern werde. Offenkundig hat Rosenbaum diese Einschätzung als Tatsache akzeptiert. Ich stehe dieser Beurteilung fassungslos gegenüber. Sie ist jenseits aller Glaubhaftigkeit.

Der Autor kann sich dem populären amerikanischen Glauben nicht anschließen, daß Geschichte ein Kampf zwischen Guten („good guys") und Bösen („bad guys") sei. Rosenbaum ist kein Böser, kein „bad guy". Er ist ausgezogen, das Richtige in einer Welt, die er und seine Freunde allerdings nur teilweise verstehen, offenkundig zu machen. In einem gewissen Sinn ist der Jüdische Weltkongreß durch die Entdeckung, wie leicht sich Schlüsselelemente der amerikanischen Medien manipulieren lassen, selbst zum betrogenen Betrüger geworden. Zu den Lektionen, die ich während der Beschäftigung mit der Saga von Kurt Waldheim gelernt habe, gehört jene, daß eine in den Medien einmal eingebürgerte Mode weit mächtiger ist, als mein Freund Ed Clark dies jemals dargestellt hatte. Diese Erkenntnis macht mir immer noch große Sorgen, aber ein Versuch zu erklären, wie die Medien die Waldheim-Geschichte in die falsche Kehle bekommen und daher auch unrichtig berichtet haben, ist ein wesentlicher Teil dieses Buches.

Die großen Zeitungen

Unter den zahlreichen Danksagungen Rosenbaums am Beginn seines Buches finden sich auch jene an fünf Reporter, die, wie er betont, eine wesentliche Rolle für den Erfolg der Medienarbeit des Jüdischen Weltkongresses spielten, und zwar sowohl was Nachforschungen als auch Informationen – so falsch sie auch interpretiert wurden – über die Vergangenheit von Kurt Waldheim im Dritten Reich betrafen. Zwei der Reporter arbeiteten für die „New York Times", zwei für die „Washington Post" und der fünfte ist ein Österreicher, damals Redakteur beim Wiener Magazin „Profil".

Die zwei genannten Zeitungen gehören in den USA zu den wichtigsten Medien. Fernsehanstalten beziehen sich in ihren Berichten regelmäßig auf die Beurteilung von Meldungen durch diese Zeitungen. Auch die Agenturen können nicht übergehen, was auf der Titelseite dieser Blätter geschrieben wird. So hatte ich Zugang zu den wichtigsten Nachrichtenquellen, denn in dem Vorort von Washington, in dem ich ansässig bin, werden „New York Times" und „Washington Post" jeden Morgen zugestellt, und allabendlich berichten die Fernseh- und Radioanstalten genau über die Tagesereignisse. So verfolgten sie auch eingehend, welche Meldungen es in der amerikanischen Öffentlichkeit über die Waldheim-Affäre gab.

Rosenbaum mag wohl angenommen haben, daß, wenn er einmal die „Post" und die „Times" auf seiner Seite habe, auch die übrigen US-Medien folgen würden. Jedenfalls glaube ich, sollte die Berichterstattung über die Waldheim-Affäre jemals korrigiert werden, daß der beste Ausgangspunkt, damit zu beginnen, wohl bei diesen beiden Zeitungen läge. Meine Beobachtungen über die Genauigkeit ihrer Berichte sind den Redakteuren der „Post" und der „Times" über eine Periode von zumindest fünf Jahren zugegangen. Antworten darauf waren selten. Berichtigungen sind nie erfolgt. Nach dem Erscheinen von Rosenbaums Buch wurde es für mich offenkundig, daß die Zeitungen ihn als Quelle bevorzugten.

Artikel des österreichischen Journalisten Hubertus Czernin zur Waldheim-Affäre werden in Rosenbaums Buch mehrfach zitiert. Czernin hatte 1986 zu Anfang der Wahlkampagne im „Profil" begonnen, das angebliche Verschulden Waldheims im Zweiten Weltkrieg auf dem Balkan aufzudecken. Etwa zeitgleich mit der „New York Times" und möglicherweise mit derselben Quelle. Doch Czernin wandelte sich allmählich zum „Ketzer", übte Kritik an der Arbeit des Jüdischen Weltkongresses und stellte dessen Ziele in Frage. Im September 1987 schrieb er, der Jüdische Weltkongreß habe „auf Hitler gezielt und Waldheim getroffen". Eine Charakterisierung, die ich für zutreffend halte.

Ein amerikanischer Journalist, den Rosenbaum allerdings als „ekelhaft " bezeichnet, berichtete, daß Czernin seinerseits erklärt habe, der Eifer des Jüdischen Weltkongresses in der Verfolgung Waldheims könne zum Teil dadurch erklärt werden, daß „der Schuldkomplex vieler amerikanischer Juden" im Spiel sei, die bedauerten, daß sie „ihren Glaubensbrüdern in den Konzentrationslagern" nicht geholfen hatten. Ich habe diese These auch von anderen amerikanischen Berichterstattern vertreten gehört, die üblicherweise diesen Schuldkomplex auf alle Amerikaner ausdehnen und als einen Faktor in der Haltung der Redaktionen betrachten, mit denen sie beruflich zu tun haben. Einer meiner Freunde hat das etwa so formuliert, daß es eine Tendenz gäbe, den Juden einen gewissen Spielraum des Zweifels zuzugestehen, wenn es sich um politische Angelegenheiten handelt, die sie selbst betreffen. Darüber hinaus ist es auch für Israelis nicht ungewöhnlich, eine solche Haltung ihrerseits einzunehmen, wenn sie das Gefühl haben, von den amerikanischen Juden ungerechtfertigterweise herumgestoßen zu werden.

Das führt nun zu der Frage, ob der Angriff auf Kurt Waldheim ein geplantes jüdisches Komplott gewesen ist, wie es manche in Politik und Gesellschaft auch in Österreich annahmen. Pech für die Anhänger der Verschwörungstheorie: Es gab kein solches Komplott. Dafür ereignete sich eine Serie von Zufällen, in deren Verlauf sich die Verschwörungen der einen mit den Komplotten der anderen überschnitten. Es gab zweifellos eine Kampagne, die, allgemein sichtbar, von jüdischen Emotionen und Meinungen beeinflußt war. Manches davon war durchaus verständlich. Und wie auch die Europäer wahrscheinlich wissen, sind die Juden ein sehr einflußreicher Faktor in der amerikanischen Innenpolitik. So wie in Washington das Spiel der Regierungspolitik gespielt wird, bekommen sie ihren Anteil an der Beute. Selbst wenn sich manche Leute darüber beschweren, daß die Juden zuviel bekommen, so hat doch noch niemand, der Einblick in den Gang der Politik hat, sie jemals angeklagt, dem System der USA oder gar dem Staat selbst zu schaden.

Ziel dieses Buches ist der Versuch zu erklären, was geschehen ist, als der Jüdische Weltkongreß in New York plötzlich herausfand, er könnte auf die Wahl in Österreich und auf die allgemeine Einschätzung Österreichs starken Einfluß ausüben. Der Jüdische Weltkongreß konnte nicht voraussehen, wie die Dinge weitergehen würden, und auch die Sozialistische Partei Österreichs hatte keine Vorstellung, was geschehen würde, als sie den WJC um Hilfe bat. Die Zeitungsredakteure Amerikas waren nicht imstande einzuschätzen, was die Waldheim-Geschichte hervorrufen würde, ebensowenig wie die amerikanische Regierung jener Zeit mit dem politischen Druck fertig wurde, den der Aufruhr in der Öffentlichkeit auslöste. Das Gesetz ungewollter Konsequenzen spielte eine machtvolle Rolle in dieser Eruption falscher Informationen und falscher Gefühle.

In einer von Rosenbaums Danksagungen zählt er Hubertus Czernin als einen Assistenten auf, obwohl doch der österreichische Journalist, um es milde auszudrücken, ein Skeptiker hinsichtlich der Nachforschungen des Jüdischen Weltkongresses geworden ist. Rosenbaums Buch erwähnt nicht, daß Czernins wachsende Skepsis typisch für etliche österreichische Journalisten ist. Einige von ihnen begannen als Ritter im Anti-Waldheim-Kreuzzug, aber je mehr sie sich mit der Frage abmühten, wie zutreffend die Beweise sind, um so skeptischer wurden sie und stellten die zentrale Frage: Was in aller Welt tun die Vereinigten Staaten?

Die Suche nach einer Antwort auf diese Frage ist außerordentlich unergiebig, aber österreichische Journalisten haben sie doch mit einer gewissen Zähigkeit verfolgt. Sie baten amerikanische Honoratioren einschließlich der früheren Kongreßabgeordneten Elizabeth Holtzman, zu erklären, wie denn der österreichische Bundespräsident Paragraphen des von ihr verfaßten „Holtzman Amendment" habe verletzen können. Während dieser Phase der Auseinandersetzung haben die Amerikaner sich stets besonders schweigsam verhalten oder aber immer die gleiche Antwort gegeben, wie etwa: „Das Justizministerium weiß, was es tut." Das konnte bis zur Veröffentlichung des OSI-Berichtes 1994 nicht zurückgewiesen werden. Dann allerdings wurden diese Berichte über den Fall Kurt Waldheim schließlich doch öffentlich bekannt.

Es verdient festgehalten zu werden, daß österreichische Journalisten, die schließlich die amerikanische Anklage gegen ihren Präsidenten entweder ignorierten oder aber in Frage stellten, keineswegs die Möglichkeit negierten, die amerikanischen Beschuldigungen könnten gültig sein. Das Konzept, „Waldheim braun anzustreichen", mag sogar auf eine österreichische Initiative zurückgehen, aber die Österreicher hatten eine viel unmittelbarere Verpflichtung als die Amerikaner, objektiv zu beurteilen, was über ihren Staatschef gesagt wurde. Sie hatten auch die größeren Möglichkeiten, etwas über Kurt Waldheim zu erfahren, und zwar von seinen Nachbarn, seinen Kriegskameraden und jenen, die den verstorbenen Johann Mayer gekannt hatten, der die den meisten Schaden verursachenden Anklagen erhoben hatte. Der Autor kennt keinen amerikanischen Berichterstatter, der ernsthafte Anstrengungen unternommen hätte, die Version des Jüdischen Weltkongresses in Sachen Kurt Waldheim nach ihren Quellen zu untersuchen, und es ist auch zweifelhaft, ob viele amerikanische Redaktionen eine solche Anstrengung ermutigt oder finanziert hätten.

Als der Bericht des OSI schließlich veröffentlicht wurde, machte ich David Binder, einen Reporter der „New York Times", der nicht einer der Auserwählten Rosenbaums ist, darauf aufmerksam, daß darin die schon längst widerlegte Zeugenaussage des Johann Mayer enthalten sei, aus der die Jugoslawen ihre Anklage gegen Waldheim entwickelt hatten. Der Berichterstatter verschaffte sich eine Kopie des OSI-Berichtes und gab ihn auch an

Professor Herzstein weiter. Aufgrund meiner Aussagen und basierend auf der Analyse Professor Herzsteins über den OSI-Bericht, schrieb Binder einen milden kritischen Artikel, in dem es hieß, der Fall des Justizministeriums gegen Kurt Waldheim sei „fehlerhaft".

Als diese Geschichte aus dem Washingtoner Büro in New York einlangte, verursachte sie einige Verwirrung. Der Artikel wurde zurück nach Washington geschickt, mit dem Auftrag, mit Neal Sher zu sprechen, dem ja die Leitung der gesamten OSI-Untersuchung unterstand. Aber die Geschichte für die „New York Times" sollte, das wurde ausdrücklich erklärt, in ihrer endgültigen Form keinerlei Beschränkung im Umfang haben, das heißt, sie wurde als sehr wichtig eingestuft.

Der Berichterstatter Binder machte ein Interview mit Neal Sher. Alles, was Binder später über dieses Interview aussagte, war, daß „Sher rund um das Büro getanzt sei". Aber das Interview löste ganz offenkundig Alarm aus. Während der Berichterstatter seinen zweiten und endgültigen Artikel über die Geschichte hinsichtlich des fehlerhaften OSI-Berichtes verfaßte, wurde er immer und immer wieder durch Telefonanrufe von Sher und einem Sprecher des Jüdischen Weltkongresses unterbrochen. Sie versuchten mit ihm darüber zu diskutieren, was, wie sie glaubten, der Berichterstatter zu schreiben hätte. Man kann wohl annehmen, daß die Chefredaktion der „New York Times" vom Jüdischen Weltkongreß ebenfalls einiges zu hören bekam.

Die zweite Version der Geschichte Binders über den Fall „Regierung gegen Waldheim" ist ebensowenig veröffentlicht worden wie zuvor die erste. Soviel Binder erfahren hat, spielte sich eine Art Menuett-Tanz in der Redaktion der „Times" in New York ab, der dazu führte, daß die revidierte Waldheim-Geschichte trotz ihrer Bedeutung an einen jüngeren Redakteur weitergereicht wurde, der schließlich darüber entscheiden mußte. Dieser aber fand das Thema unwesentlich und warf den Artikel weg. Die ranghöheren Redakteure erhoben keine Einwände dagegen. Der Schreiber dieser Zeilen wandte sich an die Redaktion in New York und fragte, warum die „Times" den Jüdischen Weltkongreß mit seinem verzerrten Porträt Kurt Waldheims davonkommen lassen wollte, das er den Zeitungen aufgedrängt habe. Aber mein Brief ist niemals beantwortet worden.

Ein Mitarbeiter eines konservativen Washingtoner Blattes, der eine Anzahl Briefe des Autors über amerikanische Falschmeldungen hinsichtlich des österreichischen Bundespräsidenten veröffentlichte und deren Anti-Establishment-Haltung zu teilen schien, rief mich 1994 an, um zu fragen, ob ich bereit wäre, meine Ansicht über den Fall Waldheim einem Round Table von Konservativen vorzutragen, die sich regelmäßig zu Gesprächen in einem Restaurant in Virginia träfen. Ich willigte ein teilzunehmen, kurz auch selbst zu reden und Fragen zu beantworten.

An jenem Abend dankte der Gastgeber für mein Kommen und sagte, die Konservativen, in der Hauptsache

Schriftsteller und Journalisten, seien begierig zu hören, was ich zu sagen hätte. Aber er fügte hinzu, seine Zeitung werde keinen Bericht über eine Revision der Waldheim-Story bringen. Ich fragte weder nach den Gründen hiefür, noch wer diese Entscheidung getroffen hatte.

Meinem Vortrag wurde etwa fünfzehn Minuten wohlwollend zugehört. Aber an diesem Punkt stellte einer der Teilnehmer eine Frage, von der ich gehofft hatte, sie würde erst am Ende meiner Ausführungen kommen. Erregt durch meinen Bericht, wie die amerikanische Regierung manipuliert worden sei, verlangte dieser Teilnehmer zu erfahren, wer nun schließlich für diese Aktion gegen Waldheim verantwortlich sei. Ich antwortete, daß es keinen ganz klaren Beweis für eine solche Beurteilung gäbe, aber daß eine Vermutung hinsichtlich seiner Identität wohl möglich sei. Bevor ich den Namen dieser Person nannte, die ich für verantwortlich halte, drückte ich meinen persönlichen Respekt für ihn aus, anerkannte seine Talente und seine allgemeine Popularität, fügte aber undiplomatischerweise hinzu, daß dieser politische Führer, wie wir alle wüßten, „ein verhältnismäßig unmöbliertes oberes Stockwerk" habe. Sein Name – Ronald Reagan – überraschte und schockierte die Tischrunde.

Es war dies gewiß ein sonderbarer Weg, diese Nachricht öffentlich zu machen. Aber eine deutlichere Reaktion auf die einmal gestellte Herausforderung gab es nicht. Denn Reagan war damals die prominenteste Figur in der konservativen Hierarchie der politischen Helden. Von diesem Moment an ging es mit dem Abend bergab. Am Ende schlug der Gastgeber vor, der Autor möge für sein Abendessen selber zahlen. Zu Deutsch – man sei mit seiner Darstellung der Dinge keineswegs einverstanden.

Nur wenige Nachrichten über Kurt Waldheim in der amerikanischen Presse konnten als amüsant bezeichnet werden. Ein Artikel jedoch, der sich mit einem politischen Abendessen in Los Angeles befaßte, das Geld für den Wahlkampf Präsident George Bushs auftreiben sollte (Fund Raising Dinner, eine in den USA übliche Form der Geldbeschaffung), enthielt jenen „unfreiwilligen Humor, der häufig in Gazetten vorkommt". Der Agenturbericht besagte, daß durch dieses Festessen Arnold Schwarzenegger für seine Verdienste um die körperliche Fitneß der Nation geehrt werden sollte. Diesem Dinner saß Rabbi Marvin Hier vor, der Begründer des Simon Wiesenthal-Zentrums, einer jüdischen Bürgerrechtsorganisation, die nach dem bekannten und hochangesehenen Wiener Nazijäger benannt ist.

Rabbi Hier wurde der prominenteste Ankläger Waldheims an der Westküste. Er ist sogar als Experte vor dem US-Kongreß über Waldheims Doktorarbeit einvernommen worden. Diese Arbeit über die „Reichsidee bei Konstantin Frantz" aus dem Jahr 1944, gilt – je nachdem – einer Gruppe von Intellektuellen in Österreich und in den USA als „zutiefst verstörend" und der anderen Gruppe als beruhigend hinsichtlich Waldheims Distanz zu jeder Nazi-Ideologie. Der Autor dieser Zeilen ist ein Anhänger der zweiten Ansicht. Die Arbeit enthält laut Gutachten verschiedener Fachleute, wie des Wiener Historikers Universitätsprofessor Gerald Stourzh, nicht die geringsten Andeutungen einer nationalsozialistischen oder gar antisemitischen Haltung des Dissertanten. Vielmehr arbeite er sogar den fundamentalen Unterschied zwischen der Reichs-Idee bei Frantz und der NS-Lehre heraus. Dieses Dokument sagt in Wahrheit nichts Konkretes in dieser oder jener angedeuteten Richtung aus, aber es zeigt die Voreingenommenheit der jeweiligen Interpreten in der Sache Waldheim.

Zu den Eröffnungen in Rosenbaums Buch gehört, daß der Jüdische Weltkongreß Rabbi Hier bearbeitet habe, um ihn davon zu überzeugen, daß das Verständnis des WJC für die Hintergründe von Kurt Waldheims Vergangenheit besser sei als jenes von Simon Wiesenthal, dessen Name doch die Institution trägt, die Hier gegründet hat. Es gelang ihnen bis zu jenem Punkt, ab dem die Ansichten Wiesenthals in der Sache nicht mehr beachtet wurden. Hier ist dadurch zu einem führenden Ankläger Waldheims geworden.

Zu den amüsanten Seiten des erwähnten politischen Abendessens in Los Angeles gehörte auch, daß einige ausländische Reporter anwesend waren, die sich erfrischend respektlos gegenüber amerikanischen Medien-Tabus zeigten. Sie begannen Rabbi Hier ins Kreuzfeuer zu nehmen. Ob er auch wisse, daß des geehrten Schwarzeneggers Vater ein Nazi gewesen sei oder ob er wisse, daß

Arnold Schwarzenegger Kurt Waldheim in dessen Präsidentschaftskampagne 1986 kräftig unterstützt habe. Der Rabbi sprach Schwarzenegger von den Sünden seines Vaters frei und versicherte den Fragenden, daß der Geehrte nie wieder Waldheim unterstützen werde.

Im Februar 1996 erschien in der „Style"-Beilage (Gesellschaftstratsch, die Künste und politische Merkwürdigkeiten) der „Washington Post" ein Artikel, in dem es hieß, eine demnächst im deutschen Fernsehen geplante Sendung werde in scharfer Form Simon Wiesenthal kritisieren, weil er als Nazijäger überschätzt und seine Reputation unter den jüngeren Gelehrten stark im Rückgang befindlich sei. Diese Nachricht wurde Reuter zugeschrieben, das Original der ursprünglichen Meldung enthielt jedoch keinerlei Hinweis auf ein abnehmendes Ansehen Wiesenthals. Tatsächlich erwies sich der Orginaltext mit dem Herkunftsort Wien als außergewöhnlich zuvorkommend gegenüber dem älteren, erfahrenen Herrn.

Der Autor schloß daraus, daß die „Post" sich inzwischen bereits auf die Anti-Wiesenthal-Seite in dieser Auseinandersetzung geschlagen habe. Rosenbaums Buch hatte Wiesenthal auf das heftigste angegriffen, es argumentierte, daß eine Untersuchung über Waldheims Hintergrund – von Wiesenthal schon im Jahr 1979 auf Wunsch der Regierung von Israel vorgenommen – nichts anderes sei als ein „Cover Up", um den damaligen Generalsekretär der Vereinten Nationen zu schützen. („Cover Up", ein im Amerikanischen vor allem in der politischen

Szene häufig verwendeter Ausdruck, der im Deutschen etwa Bemäntelung, Vertuschung, Abschirmung bedeutet.) Nachdem ich sowohl Wiesenthals Erklärung aus der Untersuchung des Jahres 1979 als auch Rosenbaums Interpretation derselben gelesen habe, finde ich, daß Wiesenthal als die weitaus glaubwürdigere Quelle anzusehen ist, und zwar auch in anderen Auseinandersetzungen darüber, wer die Frage der Vergangenheit Waldheims richtig beurteilt hat.

Diese Ereignisse ließen den Autor alle Hoffnung aufgeben, daß irgendein amerikanischer Redakteur an einer Revision der Waldheim-Geschichte, wie sie die US-Medien geschaffen hatten, interessiert sein könnte. Sie riefen allerdings meine Neugierde bezüglich der Frage wach, ob wohl eine solche Behandlung des Simon Wiesenthal, der immer noch in den Vereinigten Staaten weithin verehrt wird, ein Mitglied des Kongresses veranlassen werde, sich die Waldheim-Affäre genau genug zu betrachten, um eine wenigstens bescheidene Aktion zugunsten der Opfer, wie Kurt Waldheim, der Regierung Österreichs und in jüngster Zeit zunehmend Simon Wiesenthal, in Gang zu bringen. – Das ist bis heute nicht geschehen.

Schließlich bleibt die quälende Frage, warum die Redakteure der wichtigsten Publikationen so gar nicht bereit waren, irgendwelche Informationen in Betracht zu ziehen, die dem verzerrten Porträt, das sie selbst von dem österreichischen Präsidenten fabriziert hatten, widersprach. Meiner Meinung nach lautet die Antwort, daß diese Geschichte eine amerikanische Erfindung ist, unerwarteterweise einen so weltweiten Eindruck gemacht hat und so populär in den Vereinigten Staaten geworden ist, daß ein Rückzug geradezu unmöglich erscheinen muß.

Ich glaube, daß der Jüdische Weltkongreß selbst bis zu einem gewissen Grad in die Irre geführt wurde, und zwar dadurch, daß die amerikanischen Redakteure so eifrig und eiligst bereit waren, seine ungeprüften Angaben zu übernehmen.

In den wenigen Monaten des Jahres 1986 erregten die amerikanischen Berichte über Waldheim die Aufmerksamkeit der Welt, fachten neue Attacken auf den Österreicher durch ausländische Publikationen an. Diese wiederholten nur die Behauptungen der amerikanischen Zeitungen und schufen so eine dauerhafte weltweite Geschichte. Diese stellte eine völlig negative Haltung gegenüber Waldheim dar und ist bis heute noch nicht tot. Ich bezweifle, daß irgendein Amerikaner, der diese so verbreitete Zeitungsente ins Leben gesetzt hat, mit Nachdruck die Genauigkeit der Informationen prüfte, die damals in Umlauf gebracht worden waren, bevor die amerikanische Regierung tatsächlich das so verzerrte Bildnis des Kurt Waldheim bestätigte.

Es gab jedoch schon vor der „Watchlist"-Entscheidung Skeptiker. Der Jüdische Weltkongreß ist keineswegs der einzige Sprecher der jüdischen Gemeinschaft. Andere jüdische Quellen bedauerten die gnadenlose Rücksichtslosigkeit des Jüdischen Weltkongresses gegenüber der kleinen Gemeinde der österreichischen Juden, die nicht imstande waren, den falschen Informationen des WJC wirksam etwas entgegenzusetzen. Es gab zwar einige Beschwerden, daß der Jüdische Weltkongreß sich der israelischen Außenpolitik bemächtigt habe, aber ich habe niemals in den großen Zeitungen der USA irgendein Echo auf diese kritische Meinung gesehen. Als allerdings die amerikanische Regierung daranging, ihre Aktion gegen Waldheim durch die „Watchlist"-Entscheidung zu bekräftigen, verstummten auch diese Stimmen. Die amerikanische Übernahme der merkwürdigen Version der Waldheim-Geschichte schien absolut zu sein. Ich brauchte Jahre, um zu dem Schluß zu kommen, daß die amerikanischen Medien keinerlei Absicht hatten, diese Geschichte neu zu überlegen oder gar zu revidieren.

Noch nie zuvor hat eine Mediengeschichte so sehr die öffentliche Meinung beeinflußt, den Kongreß in Erregung versetzt und schließlich die US-Regierung dazu gebracht, dem Staatschef eines befreundeten Landes den Zutritt zu den Vereinigten Staaten zu verwehren. (Gesegnet mit amerikanischem Optimismus, glaubt der Autor auch, daß so etwas höchst wahrscheinlich nie wieder passieren wird.) Einzuräumen, daß sie die Anfangsentscheidung getroffen haben, welche die unerwartete Lawine der Volksmeinung in Bewegung setzte, ist eine Herausforderung, der sich die amerikanischen Zeitungsmacher aber wohl nie stellen werden. Zu viel steht auf dem Spiel.

Kongreß und Außenpolitik

Der Kongreß der Vereinigten Staaten setzt sich aus zwei Häusern zusammen: dem Senat mit 100 Mitgliedern, zwei von jedem Staat, und das Haus der Repräsentanten, mit 435 Abgeordneten, wobei jeder einen Wahlkreis von etwa 670.000 Einwohnern repräsentiert. Während die Senatoren sechs Jahre Amtszeit haben, dauert die Legislaturperiode der Repräsentanten nur zwei Jahre. Man sagt, daß sie ständig an den Wahlkampf denken, denn sie wollen wiedergewählt werden. Da es keinen Mangel an politischen Gegnern gibt, die sich bemühen, Mandatare abwählen zu lassen, indem sie ihnen alles vom Kommunismus bis zu kriminellen Handlungen unterstellen, müssen Mitglieder des Kongresses tatsächlich sehr viel Zeit und Energie darauf verwenden, ihre Wählerschaft von ihren Vorteilen und Verdiensten zu überzeugen.

Fast fünfzig Jahre nach dem Zweiten Weltkrieg kam ein junger Mann, der sich gerade die ersten Sporen als Washingtoner Reporter verdiente, zu mir und legte mir eine Auswahl von Presseaussendungen auf den Schreibtisch, die Kongreßmitglieder an diesem Tag ausgegeben hatten. Sie alle befaßten sich mit internationaler Politik.

Der Berichterstatter hatte sie aus einer größeren Zahl von Erklärungen über Außenpolitik wahllos herausgegriffen, die der Presse durch die Gesetzgeber Amerikas an nur einem Tag zur Verfügung gestellt wurden.

Der junge Journalist übergab mir die Papiere mit diesen Worten: „Sie beklagen sich immer über Mangel an redaktionellem Interesse an außenpolitischen Nachrichten in dieser Stadt. Aber hier ist eine Auswahl, ein Beispiel des Tagesausstoßes an außenpolitischen Vorschlägen durch den Kongreß, von denen, das kann ich Ihnen versichern, nicht ein einziger veröffentlicht werden wird, weil sie alle von den im Kongreß arbeitenden Reportern ignoriert werden, und deren Beurteilung ist eine sehr vernünftige und gesunde."

Ich las einige dieser Aussendungen. Eine besagte, daß der Kongreßmann X einen Gesetzesantrag einbringen werde, der jede Nation, die eine Massenvernichtungswaffe gegen einen ihrer Nachbarn einsetzen sollte, automatisch und sofort zum Gegenstand internationaler Wirtschaftssanktionen machen werde. Es stand noch mehr Text da, aber nichts, was aufzeigen konnte, wie diese Sanktionen in Kraft treten sollten und welche internationale Zusammenarbeit dieser Vorschlag erfordern würde. Es war schwer vorstellbar, was diese Überlegung des Kongreßmitglieds oder anderer Beiträge zur Weltordnung, die in diesen Presseaussendungen beschrieben wurden, in der realen Welt ausrichten könnte.

Als er mein Erstaunen bemerkte, sagte der Reporter weiter: „Sie glauben vielleicht, daß diese Vorschläge der Beginn von Bemühungen durch Mitglieder des Kongresses sind, eine Rolle in der Weltpolitik zu spielen." Was die Abgeordneten und ihre Stäbe in Wirklichkeit tun, ist nur zu hoffen, daß irgendein Reporter, vielleicht einer, mit dem sie befreundet sind, oder einer, der Aussendungen für Zeitungen oder für Radiostationen im Wahlbezirk des Abgeordneten fabriziert, vielleicht doch dessen Wähler wissen lassen wird, daß ihr Abgeordneter im Kongreß die Weltprobleme ernst nimmt und etwas unternimmt, um Abhilfe zu schaffen.

Die meisten Kongreßmitglieder kümmern sich nicht direkt um die vielen Schwierigkeiten, die die Vereinten Nationen bedrängen, die Bündnissysteme, denen die Vereinigten Staaten als Mitglied angehören oder selbst die bilateralen Probleme der USA. Manche der Abgeordneten fühlen sich auch gar nicht qualifiziert, so etwas zu tun. Alle aber würden ihre Wähler gerne glauben lassen, daß sie aktiv und positiv an der internationalen Front engagiert sind. Eine Weltmacht braucht informierte Abgeordnete in ihrer Gesetzgebung.

Das ist schon immer so gewesen, vor allem in den Tagen von Harry Truman, als die Unerfahrenheit der Kongreßmitglieder auf dem Gebiet der internationalen Beziehungen Trumans sehr fähigen Außenminister Dean Acheson manchmal dazu veranlaßte, störrische Abgeordnete mit einer gewissen Herablassung zu behandeln. Sam

Rayburn, ein mächtiger und sehr respektierter Sprecher des Repräsentantenhauses (Parlamentspräsident), sprach einmal den Wunsch aus, daß Acheson – ungeachtet all seiner intellektuellen Fähigkeiten, die Welt zu begreifen – sich nur einmal mit dem Problem abgeben solle, zum Sheriff einer Kleinstadt gewählt werden zu müssen. Gewählt zu werden ist für die Kongreßmitglieder von fundamentaler Bedeutung. Zu wissen, wie sich die Welt dreht, wird zwar als nützlich betrachtet, nicht aber als essentiell.

Es gibt Kongreßabgeordnete, die durch ihre Mitgliedschaft in verschiedenen Ausschüssen sowohl über die internationalen Angelegenheiten informiert wurden, als auch für ihr Verständnis respektiert werden. Aber es gibt keinen Hinweis, daß ein solches Wissen einem Politiker bei der Wählerschaft jemals genützt hätte. In diesem Zusammenhang ist es offenkundig, daß von keinem Abgeordneten oder Senator erwartet werden kann, sich für den Fall des ehemaligen österreichischen Bundespräsidenten Waldheim einzusetzen, für einen Mann, dessen Name in den amerikanischen Medien einen so schlechten Klang hat. Ein Eintreten für Waldheim würde bedeuten, den Verlust des eigenen Mandates im Kongreß der Vereinigten Staaten hinnehmen zu müssen.

Nichtsdestoweniger veranlaßte mich ein Ereignis gegen Ende 1988, einen prominenten Abgeordneten anzusprechen, mit dem Vorschlag, sein Unterausschuß möge doch noch einmal den Fall des Kurt Waldheim überdenken. Die Mitglieder des Unterausschusses für Europa und den Nahen Osten, des Hausausschusses für Auswärtige Angelegenheiten, hatten nämlich laut einer Zeitungsmeldung ein Telegramm an Turgut Özal, den Ministerpräsidenten der Türkei, gesandt, in dem sie ihr Entsetzen darüber ausdrückten, daß der österreichische Bundespräsident Kurt Waldheim demnächst Ankara besuchen werde. Dabei ging es um einen Staatsbesuch.

Das Telegramm lief über die normale Post und wurde – ohne irgendeine Koordination mit dem Außenamt – abgesandt. Die Botschaft besagte, daß das amerikanische Volk und der amerikanische Kongreß „ihre Meinung über Waldheim dadurch ausgedrückt hätten, daß sie ihn von jedem Besuch der Vereinigten Staaten ausgeschlossen haben". Die Wortwahl dieser Behauptung ist nicht exakt. Die Exekutive der amerikanischen Regierung nämlich hat diesen Bann ausgesprochen. Als Vorwand sollte das Statut verwendet werden, das der Kongreß beschlossen hatte, und zwar in Erwiderung auf den aktiven Druck des Kongresses auf die Regierung, im speziellen auf das Weiße Haus. Das amerikanische Volk hätte, falls man es fragen würde, wahrscheinlich diese Aktion gutgeheißen, da es ja durch die Medien entsprechend vorbereitet worden ist.

Die Korrespondenz des Autors mit dem Kongreß begann mit meiner Registrierung als Wähler im Jahr 1943. Sie erfolgte nicht sehr häufig, aber doch beständig, hauptsächlich über Außenpolitik, und meine Briefe wurden stets von Kongreßabgeordneten beantwortet. Mein Brief in Sachen Waldheim-Intervention mit der Türkei blieb jedoch unbeantwortet, und so schrieb ich einen weiteren Brief, doch auch dieser blieb ohne Antwort. Die Abgeordnete meines Wahlkreises für den Kongreß ist eine Republikanerin. Sie wird von den Wählern des Wahlkreises, die allerdings in der Hauptsache Demokraten sind, sehr respektiert, und ihr Einsatz für den Wahlkreis ist lobenswert. So schrieb ich ihr nun eine kurze Erklärung des Problems, legte Durchschläge meiner Briefe an den Vorsitzenden des Unterausschusses bei und bat sie, diese durch Boten an sein Büro weiterzuleiten. Dies brachte tatsächlich eine Antwort des Vorsitzenden.

Er ließ wisen, daß er die Waldheim-Entscheidung nicht zu verteidigen gedenke oder in irgendeiner Weise anzuerkennen, daß es die Möglichkeit eines Irrtums gäbe. Vielmehr bemerkte er, daß „Geschichten über Mister Waldheims Aktivitäten während des Krieges berechtigte Sorgen hervorgerufen haben", und Mitglieder des Kongresses berechtigt seien, ihrer Sorge über Angelegenheiten der Politik, die die Öffentlichkeit betreffen, Ausdruck zu geben, wie sie es für richtig hielten. Der Vorsitzende schlug vor, der Autor möge seine Probleme mit den Angehörigen des Unterausschusses diskutieren, die jenen Brief an Ministerpräsident Turgut Özal unterzeichnet hatten, aber er führte diese Abgeordneten nicht namentlich an und betonte nur noch, daß er selbst kein Unterzeichneter sei.

1994, nachdem der Waldheim-Bericht des Justizministeriums veröffentlicht worden war, brachte eine Abgeordnete aus New York kurz vor den Wahlen einen Gesetzesantrag ein. Darin forderte sie die CIA auf, jene Informationen über die bösen Taten des Kurt Waldheim im Zweiten Weltkrieg endlich aufzudecken, die sie bisher geheimgehalten habe. Dieser Schritt im Kongreß wurde durch einen Kommentar in der „New York Times" angekündigt. Der Kommentator hatte in früheren Erklärungen schon den Verdacht geäußert, der Österreicher habe mit der amerikanischen Regierung als Informant zusammengearbeitet, das heißt mit der CIA. Dieser Verdacht beziehe sich auf einen Hinweis, den er von Professor Herzstein bekommen habe.

Herzstein, dessen Qualifikation als Forscher über das Dritte Reich und dessen Geschichte unbestritten ist, hatte Waldheim in dessen Biographie von der Anklage, Kriegsverbrechen begangen zu haben, freigesprochen. Jedoch wurde Herzstein auch ein Vertreter der sogenannten „Waldheim-Cover-Up-Theorie". Ein inhaltsloses Konzept von höchst zweifelhaften Konsequenzen, das an Glaubwürdigkeit gewann angesichts der wenig eindrucksvollen Art, wie der Österreicher über seine eigenen Kriegszeit berichtete. Es ist eindeutig, daß Kurt Waldheim die Einzelheiten seines Kriegsdienstes auf dem Balkan und in der Heeresgruppe E gerne sozusagen unter den Teppich gekehrt hätte. Obwohl das sicherlich ein unkluges Vorgehen war, so ist es doch kein Verbrechen.

Die schon erwähnte New Yorker Kongreßabgeordnete meinte, es sei unerhört, daß, während Justizministerium und Außenministerium Kurt Waldheim auf die „Watchlist" setzten, „die CIA imstande sei, Waldheims Nazi-Vergangenheit zu verheimlichen." Ich schrieb der Abgeordneten, sie befinde sich meiner Meinung nach im Irrtum darüber, daß die CIA irgend etwas über Kriegsverbrecher verheimliche und daß der einzig bekannte Regierungsbericht über Waldheim jener des OSI sei, der vom Justizministerium vorbereitet wurde. Ich schlug vor, hinsichtlich der Qualität dieses Berichtes Professor Herzstein zu befragen. Sie dankte mir für die Information und erwähnte, Herzstein sei in der Tat ihr Berater für ihren legislativen Antrag gewesen.

Nach den Wahlen sagte mir der Manager des Stabes der Abgeordneten, daß ihr Gesetzesantrag in dieser Session des Kongresses nicht erfolgreich gewesen sei, aber daß sie ihn in Zukunft erneut vorlegen könnte. Als die nächsten Wahlen sich näherten, stellte die Abgeordnete tatsächlich einen entsprechenden Antrag im Kongreß, und die „New York Times" veröffentlichte wieder eine Art Unterstützung, indem sie alle New Yorker Abgeordneten aufforderte, sich um die Dame zu scharen. Wiederum erklärte sie öffentlich, „die CIA habe Informationen über Waldheim geheimgehalten".

Das provozierte mich dazu, der Dame einen langen Brief zu schreiben, mit dem Versuch, die Geschichte der falschen Berichterstattung in Amerika über Kurt Waldheim zu erklären. Wie die meisten Briefe an den Kongreß zu diesem Thema blieb auch dieser unbeantwortet; er ist im Anhang zu diesem Buch zu lesen.

Nach der scharfen Kritik an Simon Wiesenthal im deutschen Fernsehen (ARD) durch einen Beamten des amerikanischen Justizministeriums im Februar 1996 überlegte ich mir, wie ich dieses Hindernis, nämlich die Antipathie der Kongreßangehörigen einer so unpopulären Angelegenheit gegenüber überwinden könnte. Vielleicht würde die üble Behandlung des so hoch respektierten alten Herrn und Nazijägers bei irgendeinem Mitglied des Kongresses eine Saite anklingen lassen und ihn oder sie überreden, einen kleinen Schritt zur Revision der ganzen Waldheim-Geschichte zu unternehmen.

Ein Artikel, den ich 1996 veröffentlichte, enthielt auch eine zusammenfassende Darstellung der Waldheim-Affäre, in dem erklärt wurde, wie die zweifelhafte Entscheidung über die „Watchlist", trotz Protest der österreichischen Regierung, zustande gekommen war. Frühere Kollegen, die die Welt ernster nehmen als der durchschnittliche Leser, hatten auf diesen Artikel positiv reagiert, und der Autor wurde ermutigt, Kopien dieser Geschichte an Kontaktstellen der amerikanischen Medien zu versenden.

Diese Medien-Büros haben nicht reagiert. Ich habe mich dann bemüht, mit Hilfe von Kongreß-Abgeordneten – besonders solchen, die keine Wiederwahl fürchten mußten – meine Artikel im „Congressional Record", den offiziellen Kongreßprotokollen, unterzubringen und so eine weitere Publizität in den Medien zu erreichen.

Um einem Senator oder Kongreßabgeordneten einen Vorschlag vorlegen zu können, ist es notwendig, zuerst einmal seinen Stabsberater von dieser Notwendigkeit zu überzeugen. In der Waldheim-Sache ist der Stabsberater in außenpolitischen Angelegenheiten die entsprechende Person. Ich habe fünf Monate damit zugebracht, mit diesen jungen, politisch tüchtigen Wächtern der Tore zu den Mitgliedern des Kongresses schriftlich oder mündlich Kontakt aufzunehmen. Im allgemeinen war ihre Reaktion auf die Idee, den Waldheim-Fall noch einmal anzugehen, von milder Panik geprägt. Einer von ihnen bat mich, seinen Chef nicht in diese „unberechenbare Affäre" zu verwickeln. Es gab keine Ausrede, der ich nicht begegnet bin, einschließlich jener eines Vorsitzenden eines Unterausschusses: „Ich habe Ihren Brief nicht erhalten."

Aus diesem Experiment wurde nichts, außer daß der Berater eines Südstaaten-Senators die einzigartige Ausrede gebrauchte, meine Bitte an einen Kollegen aus meinem Staat Maryland weitergeben zu wollen, der keineswegs aus dem Senat ausscheiden wird. Der Berater rief mich an, um mir zu sagen: „Sie sind immerhin sein Wähler, und Ihr Senator ist ein Mitglied jenes Ausschusses für außenpolitische Angelegenheiten." Das führte zu einem längeren Meinungsaustausch, der damit endete, daß der Maryland-Senator mir folgendes schrieb: „Ich habe die zuständigen Beamten im Justizministerium kontaktiert und gefordert, daß sie eine sorgfältige Untersuchung dieser Sache einleiten." Der Autor dankte dem Senator, aber bemerkte, daß wahrscheinlich keine Lösung aus diesem Ministerium kommen werde, denn es sei ja selbst ein Teil des Problems. Dieser Brief an den Senator findet sich ebenfalls im Anhang zu diesem Buch.

Der Fall Waldheim und die Watchlist – Versuch einer Analyse

In den vorangegangenen Kapiteln habe ich einige persönliche Erfahrungen beschrieben, die helfen könnten, zu erklären, wie sich während des Kalten Krieges die Berichterstattung über Europa in Amerika entwickelt hat. Ich versuche auch zu erklären, was jene, die die Hauptrollen in der Waldheim-Affäre gespielt haben, in ihrer einzigartigen Form zu den nicht voraussehbaren Konsequenzen beigetragen haben. Es könnte auch helfen aufzuklären, warum die Mißverständnisse rund um Kurt Waldheim bis heute nicht beseitigt worden sind. Das heißt, daß die Amerikaner im großen und ganzen immer noch glauben, daß Waldheim ein Naziverbrecher war, während den Österreichern inzwischen klar geworden ist, daß er es nicht war. Man mußte kein Österreicher sein, um zu verstehen, daß die amerikanischen Medien, ebenso wie die Beamten der amerikanischen Regierung, den Hintergrund Kurt Waldheims in einer verzerrten Form gesehen haben. Die beiden Zeitungen, die über das politische Leben im deutschsprachigen Europa am genauesten berichten, „Die Neue Züricher Zeitung" und „Die Frankfurter Allgemeine Zeitung", stellten sehr rasch fest, daß die amerikanische Anklage gegen Kurt Waldheim jeglicher Grundlage entbehrte, und machten das auch in ihrer Berichterstattung klar. Keiner hat deswegen die mächtigen Vereinigten Staaten direkt angegriffen, vielleicht auch um jene Art von selbstgerechter Zurechtweisung zu vermeiden, wie sie manche amerikanische Medien an die Adresse von Papst Johannes Paul II. richteten. Deutsche Redakteure als gewissenhafte Beobachter haben gute Gründe, sich in Sachen Kurt Waldheim nicht allzusehr zu dessen Gunsten zu engagieren, denn ihr politischer Standort könnten sehr wohl von eifrigen amerikanischen Redakteuren und Leitartikelschreibern in Frage gestellt werden, die sich selbst der Legende des Nazis Kurt Waldheim verpflichtet fühlen.

Für die amerikanische Regierung war der Fall Waldheim eine Art Büchse der Pandora, die man besser nicht öffnete. Der Bericht des OSI machte klar, wie begrenzt das offizielle Verständnis der zugrundeliegenden Faktoren für die Entscheidung über die „Watchlist" gewesen ist. Jedes Signal, daß dieses Urteil in Frage gestellt werden könnte oder revidiert werden sollte, würde gewiß in der Öffentlichkeit Fragen provozieren, die jede Regierung der USA höchst unangenehm und schwierig zu beantworten finden müßte. Das erklärt den erstaunlichen Ausspruch des Justizministers Dick Thornburgh, der namens des Präsidenten George Bush eine persönliche Bitte des Präsidenten Waldheim mit der verblüffenden, ja fast absurden Erklärung beantwortete, daß Korrekturen in diesem Fall „einfach nicht in den besten Interessen der Beziehungen zwischen Österreich und den USA lägen."

Es gibt keinen Appellationsgerichtshof in den USA, der entsprechend qualifiziert wäre, um über die detaillierten Anklagen zu Gericht zu sitzen, die der OSI-Bericht des Justizministeriums enthält. Anwälte in Washington, die schon mit dem Fall befaßt waren, sind der Meinung, daß die administrativen Wege, die Ausländern offen stehen, um eine Entscheidung aufgrund des amerikanischen Einwanderungsgesetzes in Frage zu stellen, für den früheren österreichischen Staatschef weder geeignet noch vielversprechend wären.

Wenn es aber einen entsprechenden Appellationsgerichtshof gäbe, so wäre die bloße Tatsache, daß der Bericht des OSI schwere Fehler aufweist – im besonderen in Hinsicht auf den offenkundigen Meineid des Hauptzeugen Johann Mayer –, Grund genug, um sicherzustellen, daß dieses Urteil der sogenannten Ersten Instanz widerrufen würde.

Bis zu diesem Punkt habe ich mich fast völlig auf persönliche Erfahrungen oder öffentlich zugängliche Texte bei der Präsentation jener Daten, die meine Erklärung der Waldheim-Affäre unterstützen, verlassen. Jedermann, der neugierig genug ist, um diese Mühsal auf sich zu nehmen, kann das alles überprüfen. Dieser Tatsachenbericht bildet soweit auch die Grenze für die Schlußfolgerungen. Obgleich diese eher journalistische Darstellung von jenen nicht besonders begrüßt werden wird, die den Angriff gegen Kurt Waldheim geführt haben, so ist doch der Zweck dieser Arbeit, Fehler in dem populären amerikanischen Porträt des früheren österreichischen Präsidenten herauszuarbeiten, nicht aber die Porträtmaler zu bestrafen.

Nun ist es Zeit, von der Berichterstattung zur Analyse überzugehen, die über das Dokumentierbare hinausreicht, um besser beurteilen zu können, welche Folgerungen die Waldheim-Affäre für das Leben in Washington heute haben kann. Dieser Teil der Geschichte bezieht sich auf gewisse Schlüsselpunkte des Wissens einiger weniger Quellen, die der Autor gut kennt und denen er vertraut. Die Wege Washingtons sind ihnen gut bekannt. Dem Ausspruch von Harry Truman: „Wenn du in Washington einen Freund brauchst, kaufe dir einen Hund", würden sie nicht widersprechen. In Gesprächen mit mir haben diese Informanten sich selbst und ihre Mitarbeiter dadurch geschützt, daß sie weder die eigenen Quellen noch deren Quellen nennen, und ich kenne sie gut genug, um keine solchen Enthüllungen zu verlangen.

Was also nun folgt, ist eine persönliche Analyse, und daher möchte ich auch nunmehr in der ersten Person Singular, also dem ich, schreiben. Jedermann, der etwas zu erklären versucht, was nicht bewiesen werden kann, übernimmt eine direkte und persönliche Verantwortlichkeit für die Einsichten, die er da proklamiert. Hier finden Sie nun das, was ich persönlich über die verschiedenen Fragen denke, die durch den Fall des Kurt Waldheim aufgeworfen worden sind.

Wessen ist Waldheim schuldig?

Ich finde Kurt Waldheim schuldig, daß er ad personam bei dem Versuch zu erklären, was während seiner Dienstzeit im Heeresgruppenkommando E auf dem Balkan passiert ist, eine schreckliche „Public relations"-Katastrophe angerichtet hat. Es ist mir aber nicht klar, inwieweit die Verantwortung für dieses Mißlingen dem Expräsidenten selbst angelastet werden kann, aber es ist klar, daß Waldheim sich während dieser Zeit unter einer der konzentriertesten Attacken der Medien befand. Seine Antworten auf Fragen hinsichtlich der Zeit auf dem Balkan wurden von den meisten Fragestellern als variierend zwischen „nicht entgegenkommend" bis zu „ableugnend", selbst „irreführend", beurteilt. Niemand konnte zu dem Schluß kommen, daß er in seiner Verteidigung überzeugend sei. Kurt Waldheim hat diese Fehler selbst in seinem jüngst erschienen Buch „Die Antwort" (Amalthea Wien, 1996) einbekannt.

Ein wenig mildernd in dieser Sache könnte wohl sein, daß auch ich keine klare Vorstellung habe, wie irgendeine Person des öffentlichen Interesses der Erwartung entsprechen kann, mit einen solchen Sperrfeuer von Angriffen, Anklagen und falschen Informationen fertigzuwerden. All das hat man auf den Österreicher abgeladen, sobald einmal die Geschichte über seine Vergangenheit in so hohem Maß Mode in den Medien geworden war. So fehlte es völlig an jenen ernsthaften, gezielten

Angriffen, die jeder Beschuldigte selbst in dem höchst unerfreulichen Gerichtshof der öffentlichen Meinung zu Recht hätte erwarten können. Gegen diese Angriffe hätte er sich vielleicht besser verteidigen müssen. An dieser Lynchjustiz der Medien war ja auch nichts, was eine gerichtliche Entscheidung betroffen hätte, und ebenso war die Untersuchung der amerikanischen Regierung, die schließlich den OSI-Bericht produziert hat, weit davon entfernt, richterlichen oder auch nur gesetzlichen Ansprüchen zu entsprechen. Vielmehr schien dieser Bericht dazu ausersehen, die Anti-Waldheim-Berichterstattung in den Medien der USA zu bestätigen.

Ob nun die vorgelegten Beweise in dem OSI-Bericht die Voraussetzungen für das „Holtzman Amendment" darstellen, nämlich nachzuweisen, daß Waldheim an Verfolgungen oder Kriegsverbrechen während seiner Kriegsdienstzeit auf dem Balkan teilgenommen oder Beihilfe dazu geleistet hat, könnte am besten von jenen Washingtoner Rechtsanwälten beantwortet werden, die meinen, daß sie die Zielsetzungen des Kongresses hinsichtlich des „Holtzman Amendment" besser verstehen, als ich es tue. Ich als Laie bin allerdings der Meinung, daß der Bericht des OSI diese Bedingungen nicht erfüllt. Nicht nur weil die Beweislage so fehlerhaft ist, sondern auch weil die Erklärung des OSI – zieht man einmal die Irrtümer von den Behauptungen ab – nicht mehr imstande ist zu erklären, warum Kurt Waldheim mehr als andere dazu ausersehen sein sollte, auf die „Watchlist" gesetzt zu werden. In gewissem Sinn (Kollektivschuld) waren all jene, die auf dem Balkan Dienst taten, für die Grausamkeiten, die sich im Gebiet der Heeresgruppe E ereignet haben, in irgendeiner Form mitverantwortlich. Aber die amerikanische Regierung und auch die Ankläger Waldheims würden auf einem solchen Konzept kollektiver Schuld nicht bestehen können. Außerdem müßte man dies auf alle anderen Kriegsschauplätze des Zweiten Weltkrieges ausdehnen.

Die Sozialistische Partei Österreichs

Angesichts der antikommunistischen Stimmung, von der Washington in der Zeit des Kalten Krieges besessen war, hat auch mein langjähriger Arbeitgeber, die CIA, die linken Sozialdemokraten in vielen Ländern Europas bevorzugt, weil ihnen deren etablierte demokratische Tradition und ihre Erfahrung, wie der Kommunismus politisch zu bekämpfen sei, gefiel. Ich persönlich neige immer noch den Sozialdemokraten zu, auch wenn die starken Männer der Vergangenheit, Leute wie Bruno Pittermann, Oskar Helmer, Bruno Kreisky heute von Personen ersetzt worden sind, von denen ich kaum mehr als den Namen kenne. Meine Beurteilung geht dahin, daß die SPÖ bei ihrem Bemühen, den Jüdischen Weltkongreß als Hilfe in der Propagandakampagne gegen Waldheim in den Wahlkampf hereinzuziehen, auf der irrtümlichen Annahme ideologischer Parallelen basierte, im übrigen aber vor allem schlecht informiert und recht bedenkenlos war.

Diese Art von Ansuchen um Hilfe wird heute in der amerikanischen Politik regelmäßig gestellt. Ich kann verstehen, daß 1986 angesichts des hohen internationalen Renommees des Kandidaten der Volkspartei für die Präsidentschaft, wie es Kurt Waldheim durch seine Tätigkeit als Generalsekretär der Vereinten Nationen besaß, einige SPÖ-Führer der Meinung waren, es seien besondere Maßnahmen notwendig, um diesen konservativen Vorsprung wettzumachen. Aber es gab für sie keinerlei Möglichkeit vorauszuahnen, daß der Jüdische Weltkongreß in den National Archives der USA offizielle Dokumente finden würde, die Waldheim als einen Kriegsverbrecher zeigten. Noch weniger war vorauszusehen, daß diese Dokumente sich als falsch erweisen würden. Ebensowenig konnte die SPÖ voraussehen, in welchem Ausmaß der Jüdische Weltkongreß weit mehr tun würde, als von ihm erwartet wurde. Es ist sehr unwahrscheinlich, daß irgendein Europäer die ungeheure Anziehungskraft einer saftigen Naziverbrecher-Geschichte auf amerikanische Redakteure einschätzen kann.

Wenn es in dieser traurigen Geschichte eine Moral gibt, so ist es eine, die sowohl für die Vereinigten Staaten als auch für Österreich gilt. Negative Kampagnen, persönliche Angriffe auf politische Führer haben in meiner Lebenszeit das Niveau der amerikanischen Politik sehr tief hinuntergezogen. In Amerika ist Politik stets ein sehr hartes Spiel gewesen, und daran wird sich auch nichts ändern. Aber es gab eine Zeit, als das Wesen der Politik in der Öffentlichkeit doch etwas wichtigeres war als nur die Taktik, ein Mandat zu erkämpfen. Auch die wachsende Bedeutung der Ideologie, jenes politische Narkotikum kämpferischer Parteigänger, hat dazu beigetragen, den Standard politischen Denkens auf ein tieferes Niveau zu ziehen. Politische Verbündete nur auf der Basis auszusuchen, wen anzugreifen sie bereit sind, bedeutet ein Risiko und kann für die Politik außergewöhnlich schädlich sein. Dies dürfte auch für die österreichischen Sozialisten von anno 1986 gelten.

Der Jüdische Weltkongreß

Angesichts meiner kritischen Beurteilung der Rolle des Jüdischen Weltkongresses in der Verbreitung irreführender Anti-Waldheim-Informationen sollte ich hier doch hinzufügen, daß Amerikas Redakteure nur wenig, wenn überhaupt etwas, getan haben, um zu überprüfen, was sie in dieser politischen Aktion veröffentlicht haben. Um festzustellen, daß Kurt Waldheim kein Nazi war, bedurfte es keines größeren Rechercheprojekts. Jeder, der einigermaßen mit den deutschsprachigen Ländern Europas bekannt war, wußte, daß eine solche Information nicht fast fünfzig Jahre verborgen bleiben konnte. Ich glaube daher, daß der Jüdische Weltkongreß selbst bis zu einem gewissen Grad in die Irre geführt wurde, und zwar dadurch, daß die amerikanischen Redaktionen seine nicht nachgeprüften Angaben so bereitwillig übernahmen.

Für einige wenige Monate des Jahres 1986 – während des „heißen Wahlkampfes“ im Frühling – eroberte die amerikanische Berichterstattung über Kurt Waldheim die Aufmerksamkeit der Welt. Sie regte neue Attacken auf den Österreicher durch fremde Publikationen an, die einfach die von der amerikanischen Presse vertretenen Meinungen über Waldheim wiedergaben und so eine dauernde internationale Skandalgeschichte erzeugten, die bis heute noch nicht ihr Ende gefunden hat.

Doch gab es schon vor der „Watchlist"-Entscheidung amerikanische Skeptiker, die die Waldheim-Hetzjagd in den USA nicht guthießen. Doch diese Kritik verstummte, nachdem die US-Regierung den Fall Waldheim zu dem ihren machte. Die amerikanische Akzeptanz der doch so fragwürdigen Version der Waldheim-Geschichte schien absolut. Ich brauchte Jahre, um zu erkennen, daß die amerikanischen Medien und Agenturen keinerlei Absicht hatten, ihre Geschichte neu zu überdenken oder gar zu revidieren.

Zeitgeist

Die Aufnahmebereitschaft amerikanischer Leser und Zuseher bei Geschichten über Naziverbrecher ist schon hervorgehoben worden. Es war und ist eine fundamentale Haltung, der die amerikanischen Redakteure in ihren Entscheidungen über die Waldheim-Affäre noch Nahrung gaben. Denn sie appellierte an alle Richtungen und

Klassen, an Patrioten, Opfer des Dritten Reiches und ihre Sympathisanten, an Personen, die in dem wachsenden öffentlichen Interesse an den Ereignissen des Zweiten Weltkriegs beteiligt sind. Die Zuhörerschaft der Waldheim-Story, die der von den amerikanischen Medien dargestellten Version sympathisierend gegenüberstanden, ist groß, dagegen ist die Zahl jener, die der Waldheim-Nazi-Darstellung gegenüber zumindest potentiell kritisch eingestellt waren, vergleichsweise klein und statistisch kaum meßbar. Die „Waldheim-Nazi-Story" war im amerikanischen populären Journalismus ein absoluter Sieger.

Als einer, der die „popular version" nicht glauben konnte, habe ich sehr bald gelernt, daß es weise ist, über diese Geschichte und ihre Fehler nicht mit Fremden zu sprechen oder mit Leuten, die von der Geschichte und Politik Europas wenig Ahnung haben. Einige zeigten sich verwirrt durch die Idee, daß ihre Beurteilung Waldheims falsch sein könnte. Verschiedene intelligente Leute aus meinem näheren und weiteren Bekanntenkreis sagten mir, daß ich mich irren müsse. Es könne nichts Gutes dabei herauskommen, wenn man die öffentliche Meinung in Frage stelle. Die Waldheim-Geschichte hat bei vielen Menschen Emotionen hervorgerufen, die in mir den Eindruck weckten, daß sie das Ganze als eine Art von Glaubenswahrheit betrachteten.

Nicht nur erwies sich die amerikanische Öffentlichkeit als aufnahmebereit, sondern die Schöpfer dieser so populären Affäre hatten auch Grund zu glauben, daß sie den

Wind der Geschichte in ihren Segeln hatten. Jene, die ich in dieser Gruppe kennenlernte, gehören zu der Generation der Spätgeborenen, die als Erwachsene den Zweiten Weltkrieg und die ihm folgenden politischen Kämpfe nicht mehr erlebt haben. Viele von ihnen haben Krieg in der Zeit der Proteste gegen das militärische Engagement in Vietnam kennengelernt, einer Zeit, als in der amerikanischen Politik alle Furien losgelassen waren. Viele Demonstranten von damals fühlten sich, durch die Tendenz einiger Kriegsfalken, ihren Patriotismus in Frage zu stellen, ungerecht verletzt. Es ist Mode geworden, die Vietnam-Erfahrung als „den schlechten Krieg" zu erklären, und es gibt eine entsprechende Tendenz, den Zweiten Weltkrieg, an dem es eine wachsende Neugierde hinsichtlich der geschichtlichen Abläufe gibt, als „den guten Krieg" zu bezeichnen; all das – begreiflicherweise – ohne viel Rücksichtnahme auf die Gefühle einer älteren Generation, die die ganze Last jenes Kampfes zu tragen hatte.

In der landläufigen amerikanischen Kultur sind kritische Auslegungen unseres nationalen Charakters, beruhend auf den Erfahrungen von Vietnam, sehr verbreitet. Die wachsende Zahl von rückblickenden Beurteilungen des Zweiten Weltkrieges jedoch sind weit weniger großzügig gegenüber den feindlichen Kräften als etwa Darstellungen in Film und Buch des weit jüngeren militärischen Konfliktes in Asien. Einfach ausgedrückt: Krieg an sich ist böse, aber die Nazis zu überlisten, sie zu schwächen und mit ihnen aufzuräumen, das ist in Ordnung. Es gibt eine Tendenz in der jüngeren Generation, den Zweiten Weltkrieg noch einmal durchzufechten, um als Folgerung dieser Darstellung des Konfliktes zu zeigen, wie die jüngere revisionistisch gesinnte Generation Amerikas den Feind viel klarer gesehen und viel wirksamer hätte besiegen können.

Die landläufige amerikanische Darstellung der Waldheim-Geschichte fällt eben in diese Kategorie revisionistischer populärer Kultur. Es gibt ein gewaltiges Publikum dafür, und insbesondere unter den jüngeren Leuten wird der Glaube bestärkt, daß die ältere Generation Kriege geführt habe, die man entweder hätte vermeiden können oder die nicht mit der notwendigen Energie geführt wurden. Die Älteren – wenn ich so allgemein von der Meinung meiner Generation sprechen darf – finden diese Haltung manchmal einigermaßen feindselig, aber sie werden nur selten soweit provoziert, um den Revisionisten entgegenzutreten. Als ein Verfasser von Buchbesprechungen über den Kalten Krieg und über den Zweiten Weltkrieg weiß ich sehr wohl, daß dieses Interesse viel Neues und auch dankenswertes Wissen hervorbrachte. Bei der Legende um Kurt Waldheim aber steht außer Frage, daß sie viel mehr getan haben, als die Geschichte zu revidieren, sie haben sie umgeschrieben.

In der modernen amerikanischen Literatur gibt es eine Figur namens „Walter Mitty“, geschaffen vom Humoristen James Thurber. Er war einer der begabtesten Schriftsteller, die das Magazin „New Yorker" zu einem echtem Publikumserfolg gemacht haben. Walter Mitty ist als ein Symbol des durchschnittlichen amerikanischen Burschen in den Sprachschatz eingegangen, der in einer beschaulichen, nach innen gekehrten Weise durch das Leben stolpert, während er über heroische Taten phantasiert. In diesem turbulenten Jahrhundert hat es viele Typen von Nazigegnern gegeben, auf der Linken, auf der Rechten und – auch in unmittelbarer Nachfolge zum Zweiten Weltkrieg – eine ganze Reihe von Kommunisten, die sich selbst als Nazigegner deklarierten. Fast jeder hatte im Jahr 1945 Grund, diesen Status für sich zu reklamieren. Mein persönliches Verständnis der amerikanischen Ankläger des Kurt Waldheim ist, daß sie zu dem Typus des Walter Mitty als Antinazi unserer heutigen Zeit gehören. Sie scheinen zu glauben, daß sie wirklich einen ordentlichen Nazi-Hai eingefangen haben.

Zugänglichkeit der Information

Trotz des weitverbreiteten öffentlichen Interesses an der Waldheim-Geschichte haben die Leser und TV-Zuseher Amerikas in diesem Fall keineswegs eine besonders reichhaltige Auswahl an Literatur erhalten. Sie mußten sich darauf beschränken, sich aus Zeitungsberichten, eventuell aus dem Fernsehen und einigen wenigen Büchern ein Bild zu machen. Es gab in den USA eine Fernsehsendung über jenen gewissen Scheinprozeß, den die „British Thames TV" veranstaltet hatte. Es war dies eine sehr ehrliche und anschauliche Darstellung des Falls. Die TV-Sendung bekam aber in den Zeitungen sehr mäßige Kritiken oder sogar kritische Besprechungen. Der Grund war, daß es eine umfassende Untersuchung durch ein Geschworenengericht war, die außerdem die Anklagen gegen Kurt Waldheim ablehnte und ihn freisprach. Ein Buch über diese Fernsehproduktion, das in England veröffentlicht wurde – ebenfalls ehrlich und informativ – ist in den Vereinigten Staaten erst gar nicht verlegt worden. Ein Freund hat mir eine Ausgabe dieses Buches geliehen, die er in einem Londoner Buchgeschäft fand.

Dafür brachten die Zeitungen das Buch von Rosenbaum groß heraus. Es wurde in der „New Yorker Times" und „Washington Post" prominent vorgestellt, und zwar von Akademikern, die angeblich qualifiziert waren, die Arbeit des Autors zu beurteilen. Sie fanden es eindrucksvoll, obgleich in beiden Zeitungen eine gewisse Kritik an der harten Behandlung Simon Wiesenthals durch Herrn Rosenbaum zu bemerken war. Ein anderes Buch, das sich „Der Wiesenthal-Akt" nennt und den Amerikaner Alan Levy zum Autor hat, suchte dessen Freund Simon Wiesenthal gegen dessen amerikanische Verleumder zu verteidigen. Es wurde 1993 bei Eerdmans in Grand Rapids, Michigan, veröffentlicht und erschien im selben Jahr wie Eli Rosenbaums Buch, wurde aber keineswegs auch nur annähernd so groß besprochen. Levys Buch gibt einen Blick auf die Waldheim-Affäre, von jemandem, der sich in der österreichischen Politik auskennt. Ich fand, daß es das beste amerikanische Buch über diesen so viel Aufsehen erregenden Fall ist.

Wer ist der Täter?

Es bleibt schließlich die wesentliche Frage: Wie konnte es geschehen, daß das Staatsoberhaupt eines befreundeten Landes zu einem internationalen Paria gemacht wurde? – ein einzigartiges und erschütterndes Ereignis! Wie es auch bei anderen Dramen in Washington der Fall ist, die die Aufmerksamkeit der Massen auf den Kontinenten außerhalb Nordamerikas erweckt haben, etwa der Iran-Contra-Skandal, so hat es auch keinerlei wirklich befriedigende Klärung der Waldheim-Affäre gegeben. Weder wurde eine wirkliche Schuld entdeckt, noch aber wurden Regierung und Bevölkerung besser informiert.

Alles, was wir wissen, ist, daß die Waldheim-Affäre die Folge der taktischen Entscheidung in einer österreichischen Wahlkampagne ist. Sie hat sich dann rasch zu einem internationalen Presse-Furor ausgewachsen, der allerdings dann auf jene, die ihn veranstaltet haben, zurückgefallen ist. Danach hat die Affäre eine Welle falsch informierter öffentlicher Meinung und Gefühle in den Vereinigten Staaten geweckt, die wiederum den Kongreß dazu gebracht hat, auf die Regierung einzuwirken, in dieser Angelegenheit tätig zu werden. Die Regierung wiederum bereitete Entscheidungen vor, ohne dabei jene zu befragen, die qualifiziert gewesen wären, den Zweiten Weltkrieg als Hintergrund des Kurt Waldheim zu erklären. Meine Erfahrung hat gezeigt, daß diese Ausschließung hochwertiger, nachrichtendienstlicher Intelligenz einer Anstrengung entsprach, die Legende des Nazis Waldheim am Leben zu erhalten, und zwar unter der Kontrolle jener, die sie erfunden haben.

Die Schlüsselentscheidung in der Waldheim-Affäre, nämlich ihn auf die „Watchlist" zu setzen, wurde in der unmittelbaren Umgebung des sehr liebenswerten Präsidenten Ronald Reagan getroffen. Als ein begabter Instinkt-Politiker ist Reagan ein Mann von großer persönlicher Sympathie, der uns allen gezeigt hat, daß es möglich ist zu regieren, ohne die Regierung sehr ernst zu nehmen. Nun lebt er schon seit einiger Zeit zurückgezogen in Kalifornien. Der frühere Präsident leidet, so ist verlautbart worden, an Alzheimer. Niemand würde Ronald Reagan etwas anderes wünschen als eine sorgenfreie Pensionszeit.

Sowohl nach meiner Einschätzung, als auch nach meiner Schlußfolgerung glaube ich, daß es mehr als wahrscheinlich ist, daß die „Watchlist"-Entscheidung tatsächlich auf „höchster Stufe der Regierungsebene" getroffen wurde. Das ist das Weiße Haus, obgleich nicht notwendigerweise der Präsident selbst. Im Frühling 1987 war Washington mit Anklagen von Mißachtung des Kongresses durch die Regierung überschwemmt, und es war damals sogar die Rede davon, eine Anklage gegen den Präsidenten zu erheben.

Dieser Skandal wurde als die Iran-Contra-Affäre bekannt. Ihre Ähnlichkeit mit dem Fall des Kurt Waldheim liegt in der Tatsache, daß es wiederum eine umstrittene Untersuchung gegeben hatte und die Angelegenheit abgehandelt wurde, als ob es um Innenpolitik ginge, obwohl sie im Ausland ihren Ursprung nahm und es damals genügend Ausländer mit wichtigen Interessen an einer Lösung dieser Frage gab. In Wahrheit ist Amerika nicht mehr eine isolationistische Nation, aber unsere internen Streitigkeiten, die die außenpolitischen Beziehungen einschließen, werden ausschließlich aus innenpolitischen Überlegungen heraus geführt. Denn kein Ausländer hat jemals für ein Mitglied des Kongresses einen Wahlzettel in die Urne gesteckt.

In jenem Frühling war das Weiße Haus in einen Kampf verwickelt, um die Präsidentschaft Reagans zu schützen. Zwei Jahre zuvor hatte der Präsident die Bitburg-Affäre erlebt. Ein Spitzenberater hielt dies für Reagans allerernsteste Krise. Nämlich die öffentliche Auseinandersetzung über den Besuch des Präsidenten auf dem Kriegerfriedhof von Bitburg in der Bundesrepublik Deutschland. Es war hauptsächlich eine Krise der Public Relations, wurde aber ernst genug genommen, um das normale Regierungsgeschäft im Weißen Haus zu stören und die Mitglieder des Präsidentenstabes außerordentlich empfindlich für Schläge zu machen, die ihr Chef von den Medien wegen der Existenz von Gräbern von SS-Leuten in Bitburg davongetragen hatte.

Die Idee, daß Reagan, ohnehin schon durch das Iran-Contra-Problem angegriffen, sich nun noch vor einem wütenden Publikum werde verteidigen und erklären müssen, daß man gegen Kurt Waldheim keinerlei Anklagepunkte finde, war keine angenehme Aussicht für die Angehörigen des Präsidentenstabes im Weißen Haus. Jene, die die Notwendigkeit, eine Entscheidung in der „Watchlist"-Frage zu treffen, diskutierten, verwendeten die Phrase „nicht noch ein weiteres Bitburg".

Ronald Reagan war kein Meister des Details. Freunde waren der Meinung, daß er ursprünglich, wenn auch nur halbherzig, die „Watchlist"-Entscheidung abgelehnt habe. Als aber seine Berater ihm sagten, daß die Beweislage und das Gesetz eine Aktion erforderten, hätte Reagan wohl einer solchen Empfehlung entsprochen. Als die österreichische Regierung Protest erhob, wäre die Reaktion des Präsidenten unter der Annahme, daß er seinen Beratern glaubte, wohl gewesen, anzuordnen, daß die entsprechenden Beweise den Wienern zur Verfügung gestellt würden. Es ist unwahrscheinlich, daß man dem Präsidenten gesagt hätte, es könnten keine Beweise gefunden werden, die die Österreicher zufriedenstellen würden und daß man deshalb gar keine Unterlagen vorlegen würde.

Ich sollte hier noch einmal wiederholen, daß dies eben meine Analyse ist; sie geschah, um die „Watchlist"-Entscheidung zu erklären. Meine Ansicht beruht nicht auf direkten Beweisen, die aufzutreiben ich nicht in der Lage war. Aber es ist die wahrscheinliche Lösung für das Rätsel des höchst verblüffenden Fehlurteils in Sachen „Watchlist". Das Szenario unterstützt sehr wohl die Information, wonach die Entscheidung über die „Watchlist" schon bekannt war, bevor sie noch der Justizminister und der Außenminister getroffen hatten, und es erklärt, wie man zwar Beweise versprechen, aber nicht vorlegen konnte, denn es gab keine. Die Memoiren von Ronald Reagan, George Shultz und Ed Meese hüllen sich in bezug auf die „Watchlist"-Entscheidung in Sachen Waldheim in Schweigen. Wann immer sie getroffen wurde – es war keiner der besseren Tage in Reagans Präsidentschaft.

Anhang: Zwei Briefe von John R. Mapother an zwei Kongreß-Angehörige

In Kapitel „Kongreß und Außenpolitik“ beschreibt der Autor, warum er die zwei im folgenden hier publizierten Briefe geschrieben hat. Mitglieder des Kongresses (sowohl Senatoren wie auch Angehörige des Abgeordnetenhauses) reagierten auf den Druck der Öffentlichkeit, der durch eine falsche Berichterstattung der amerikanischen Medien entstanden war. Sie fühlten sich verpflichtet, die Regierung, insbesondere das Weiße Haus, zu veranlassen, das Justizministerium zu beauftragen, die Presseangriffe gegen den österreichischen Bundespräsidenten zu beurteilen. Das Resultat war die Watchlist-Entscheidung.

Die Briefe zeigen die Bemühungen des Autors, die amerikanische Regierung davon zu überzeugen, daß die Watchlist-Entscheidung falsch war. Er befaßte sich daher besonders mit der Kongreßabgeordneten Carolyn B. Maloney, da diese ihre ständigen Angriffe gegen Waldheim als einen Bestandteil ihrer Wiederwahlkampagne benützte. Senator Paul S. Sarbanes wurde nur dadurch in diese Affäre involviert, daß einer seiner Kollegen im Senat die Verantwortung ablehnte, den Brief des Autors zu beantworten.

Diese Briefe sind nie beantwortet worden. Dies geschah nicht aus Gleichgültigkeit gegenüber den Folgen, die dem amerikanischen Rechtsstaat aus der Watchlist-Entscheidung entstanden. Amerikanische Politiker – ungeachtet dessen, was sie in der Öffentlichkeit erzählen – stehen internationalen Angelegenheiten im allgemeinen mit Unsicherheit gegenüber. Gleichzeitig aber sind sie sich natürlich der Stimmungen in der Bevölkerung bewußt, die sich auf ihre eigene Position in der politischen Arena auswirken könnten. Eine solche Angelegenheit war die Medienkampagne gegen Kurt Waldheim, die starke Reaktionen hervorrief und mächtige Emotionen freisetzte, die kein Politiker ignorieren konnte.

* * * * *

An den
Senator Paul S. Sarbanes
Room 309 Senate Hart Bldg.
Washington, DC 20510-2002

20. September 1996

Lieber Senator Sarbanes!

Ich danke Ihnen, daß Sie sich in meiner Angelegenheit an das Justizministerium gewendet haben und eine sorgfältige Überprüfung der Anklage des Österreichers Kurt Waldheim gefordert haben. Vielleicht wird das Ministerium auf Ihr Ansuchen hin mitteilsamer sein, als seine Sprecher es mir gegenüber gewesen sind.

Mein Austausch mit dem Justizministerium in Sachen seines Vorgehens gegen Waldheim, beginnend 1988, hat zu keinerlei Zusammenarbeit geführt, wenn auch das Ministerium sieben Jahre später den Waldheim-Akt, auf dem sein Vorgehen basierte, veröffentlichte. Nach dem Studium dieses Aktes finde ich keinen Beweis dafür, daß sich das Ministerium ausreichend mit der Geschichte des Dritten Reiches oder des Oberkommandos der Wehrmacht auf dem Balkan befaßt hätte. In der Tat ist es unrealistisch, derartige Kenntnisse von einem Ministerium zu erwarten, das sich normalerweise nicht mit den Verbrechen von Ausländern auf fremdem Gebiet befaßt.

Skeptizismus ist daher sehr wohl angebracht, denn wenn offensichtlich die Fähigkeit nicht vorhanden ist, zu begreifen, was damals an jenem Ort geschehen ist, wo Waldheim unwissentlich in Konflikt mit einem amerikanischen Gesetz geraten ist, das erst 35 Jahre später beschlossen wurde. Diese Bemerkungen über das Justizministerium treffen im besonderen auf die völlig unzulänglichen Nachforschungen seines Office of Special Investigations zu.

Eine Kopie des im Jahr 1994 freigegebenen Aktes des Justizministeriums über Waldheim erging an die österreichische Regierung. Ihre Einwände gegen des Berichts des OSI wurden dem Justizministerium vorgelegt, und eine Presseverlautbarung der österreichischen Botschaft erklärte die Vorwürfe gegen den früheren Präsidenten als „vollständig unbegründet". Die Österreicher wissen Bescheid über da Dritte Reich, ihre Beschwerde wurde aber trotzdem zurückgewiesen.

Frühe Nachforschungen ließen mich den Kopf darüber zerbrechen, was unsere Regierung gegen Kurt Waldheim haben könnte. Bei einem akademischen Treffen stellte ich diese Frage ehemaligen Kollegen, die für die Regierung Berichte über das deutschsprachige Europa verfassen. Sie antworteten fast im Chor „Willkommen im Club!" Sie alle wußten, daß Waldheim kein Naziverbrecher war. Einige hatten versucht, über dieses Thema zu schreiben und waren zurückgewiesen worden. Andere hatten Berichte geschrieben, die aber nie vervielfältigt oder auch nur innerhalb der Exekutive verteilt wurden. Meiner Meinung nach spiegelt dies einen korrupten Mißbrauch der Regierung wider.

Mit einem Wort, Herr Senator, Sie haben dem Justizministerium eine gewaltige Aufgabe gestellt. Aber ich weiß Ihr Vertrauen auf die amerikanische Justiz zu schätzen und hoffe, daß dieses Vertrauen möglicherweise entsprechend belohnt werden wird.

Für mich waren zehn Jahre der Beschäftigung mit der Waldheim-Story eine unterhaltsame Freizeitbeschäftigung, eine Untersuchung der Qualität der Auslandsberichterstattung unserer Medien und eine Lektion in Sachen politischen Realitäten auf dem Capitol Hill. Für die Österreicher, die zugegeben haben, daß sie selbst nicht ohne Fehler hinsichtlich der politischen Fragen sind, die sich aus der Auseinandersetzung um Kurt Waldheim stellten, waren diese Jahre eine Art Prüfung in Ausdauer, denn sie mußten mit einer sehr schweren Last fertigwerden, die ihnen willkürlich von einer Großmacht aufgebürdet worden war.

Herzlichst,

John R. Mapother

An die
Abgeordnete des Repräsentantenhauses
Carolyn B. Maloney
1504 LHOB
Washington, DC 20515-3214

27. September 1996

Liebe Repräsentantin Maloney!

Ich schrieb Ihnen im Jahr 1994, als Sie einen Gesetzesantrag einbrachten, der die Regierung zwingen sollte, Informationen über Kriegsverbrechen im Zweiten Weltkrieg zu enthüllen. Sie behaupten, daß die CIA solche Informationen bezüglich des Österreichers Kurt Waldheim geheimhalte. Damals sagte ich Ihnen, was ich von dieser Angelegenheit weiß. Sie haben mir freundlich für das Material gedankt, das Sie von Interesse fanden. Heuer wurde das Kriegsverbrecher-Enthüllungsgesetz neuerlich eingebracht und ich habe kürzlich auch Ihre Erklärung über dieses Gesetz in der Wochenausgabe der „Stars und Stripes“ gelesen. Ich bedauere, sagen zu müssen, daß Sie nach wie vor falsch informiert sind.

Ihr Artikel deutet an, daß Ihre Mitarbeiter in dieser Angelegenheit wirklich der Meinung sind, Kurt Waldheim sei ein Naziverbrecher. Diese Ansicht ist in unserem Land weit verbreitet, da doch die Wahrheit über den Fall des Österreichers tatsächlich ignoriert wurde und Bemühungen, das verzerrte Bild, das von ihm besteht, zu korrigieren, unterdrückt worden sind. Eine Anti-Waldheim-Kampagne wurde große Mode in unseren Medien. Die „New York Times“ spielte eine Schlüsselrolle in dieser Kampagne, und ich nehme an, daß auch viele Ihrer Wähler durch diese unzutreffende Berichterstattung falsch informiert worden sind. Herr A. M. Rosenthal, der Artikel zur Unterstützung Ihres Gesetzesantrages schreibt, ist offenkundig mit der jederzeit zur Verfügung stehenden englischsprachigen Literatur über die Waldheim-Affäre nicht vertraut.

Es ist nicht korrekt, Kurt Waldheim einen Nazi zu nennen. Selbst die inkompetenten Nachforscher des OSI haben das begriffen. Die Waldheim-Familie waren Gegner der Nazis. Sein Vater Walter wurde von der Gestapo verfolgt. Das Amt des Gauleiters, das die politische Haltung des Kurt Waldheim im Jahre 1940 beurteilte, sagte, er habe „Feindseligkeit gegenüber unserer Bewegung“ gezeigt. Die Nazis sprachen von ihrer Partei als einer „Bewegung“.

Soweit dies irgendjemand weiß, war Kurt Waldheim auch kein Kriegsverbrecher. Keine Untersuchung hat einen Beweis für diese Behauptung gefunden. Das schließt auch das fehlerhafte Anklageverfahren des OSI ein. Wir haben der österreichischen Regierung versichert, unsere Untersuchung habe nicht herausgefunden, daß ihr früherer Präsident ein Kriegsverbrecher gewesen sei und daß es dem OSI an Gerichtshoheit für die Aufstellung einer solchen Behauptung fehle. Wie Waldheims Name auf die Liste von Kriegsverbrechern der Vereinten Nationen gekommen ist, ist von Ihrem Mitarbeiter Professor Robert Herzstein sehr gut in seiner Waldheim-Biographie erklärt worden. Auch andere, die sich die Akten in Jugoslawien angesehen haben, machten die gleiche Entdeckung.

Soweit ich weiß, sind von den Rechercheuren, die nach Belgrad gingen, um in die Einzelheiten der Kriegsverbrecher-Anklage Einblick zu erhalten, jene des OSI die einzigen gewesen, die die Wahrheit nicht entdeckten. Der OSI-Bericht zitiert, um den Fall gegen Waldheim darstellen zu können, Zeugenaussagen eines gewissen Johann Mayer, der längst des Meineids überführt wurde, aber dessen Behauptung die jugoslawische Regierung dazu verwendete, um 1948 die Vereinten Nationen davon zu überzeugen, Kurt Waldheim auf die Kriegsverbrecherliste zu setzen.

Ihre Bezeichnung Kurt Waldheims als Kriegsverbrecher stimmt mit der Praxis der amerikanischen Presse überein, die ihrerseits wieder die Tendenz der Ankläger Waldheims widerspiegelt, wenn diese nicht für die Regierung Bericht erstatten, die Anklagen gegen den Österreicher in ihren Indiskretionen der Presse gegenüber zu übertreiben. Sie spielten dieses Spiel schon seit 1986, als sie – ohne Überprüfung – die Eintragung des Kurt Waldheim in die Kriegsverbrecherliste, die man in den National Archives gefunden hatte, verbreiteten. Dies ging jedoch auch während der Jahre 1987 und 1988 weiter, als die Untersuchungen im Gange waren und die Waldheim-Story in der internationalen Presse daher warm gehalten werden mußte.

Als ein Mitglied der Legislative sollte es Sie interessieren, daß, während diese Lynchjustiz der Medien und die Untersuchung des OSI noch im Gange war, amerikanische Spezialisten für das deutschsprachige Mitteleuropa, die den Hintergrund des Kurt Waldheim besser verstehen als irgendjemand im Justizministerium, von den Überlegungen und Beratungen in dieser Sache ausgeschlossen wurden. Einige Analytiker versuchten eine Klärung herbei zu führen, aber ihre Arbeit wurde nicht akzeptiert und auch nicht innerhalb der Regierung in Umlauf gebracht.

Im Februar dieses Jahres griff der gegenwärtige Chef des OSI den hochgeachteten Nazijäger Simon Wiesenthal auf das bösartigste an und setzte dessen Lebenswerk total herab. Ein Grund für diese ungehörigen Angriffe auf Wiesenthal ist wohl, daß dieser die Arbeit der amerikanischen Ankläger Waldheims als nicht kompetent bezeichnet hatte und betont hatte, der frühere österreichische Präsident sei keineswegs ein Kriegsverbrecher gewesen. Der alte Herr hat in beiden Fällen recht, glücklicherweise haben sich wohlrespektierte Medien in Europa für Wiesenthal stark gemacht. Unsere großen Zeitungen schlossen sich diesen skurrilen Angriffen nicht an, obwohl die AP eine entsprechende Story über den Draht laufen ließ, und zwar als eine Meldung aus Deutschland.

Falls Sie aktuelle Informationen über Wiesenthal benötigen, lassen Sie mich Ihnen „The Wiesenthal File" von Alan Levy empfehlen, veröffentlicht in Grand Rapids im Jahre 1993. Dieses Buch gibt auch außerordentlich nützliche Einblicke in den Streit rund um Kurt Waldheim.

Ich möchte Sie um nichts bitten, obgleich ich es sehr zu schätzen wüßte, wenn Sie vom Justizministerium eine Erklärung der Angriffe auf den von mir sehr verehrten Simon Wiesenthal bekommen könnten. Er steht im Ruf, sich mit falschen Anklagen nicht abzugeben. Mein Leben im Nachrichtendienst hat mich davon überzeugt, daß unsere demokratische Regierung in ihren Auslandsbeziehungen ständig Gefahr läuft, von einer Woge schlecht informierter öffentlicher Meinung überschwemmt zu werden. Das war zum Beispiel der Fall bei Lyndon B. Johnson, der Innenpolitik so gut wie jeder andere zu seiner Zeit verstand. Im Jahre 1965 war er überzeugt, daß er keine andere Möglichkeit hätte, als die militärische Herausforderung in Vietnam anzunehmen. Jeder Präsident in seiner Position – es sei denn, er hätte ein ganz außerordentliches Talent besessen, ausländische Angelegenheiten zu begreifen – hätte die gleiche Entscheidung getroffen, nämlich die Streitkräfte einzusetzen.

Sie selbst treiben nun auf einer Welle weitverbreiteter Fehlinformation und entsprechender Gefühle. Mit der Wucht dieser Welle fertigzuwerden und wieder in der Realität Fuß zu fassen, ist gewiß keine leichte Aufgabe. Ich wünsche Ihnen alles Glück für diese Herausforderung. Es wäre meisterhaft, wenn Sie ihre Wähler dahingehend zufriedenstellen könnten, daß Sie diesen peinlichen Tanz rund um den „bösen" Kurt Waldheim beenden. Er ist mit größter Sicherheit kein Naziverbrecher gewesen. Was immer Sie vom Charakter des Österreichers denken mögen – und manche würden Ihre Charakterisierung als „unehrlich" akzeptieren (Wiesenthal anerkennt, daß Waldheim ein Lügner ist) –, so werden Sie doch sicherlich nicht wünschen, daß ein Hakenkreuz von einer Schar recht uninformierter amerikanischer Jugendlicher in seinen Grabstein gekratzt wird. Die Bezeichnung Nazi bedeutet in meiner Generation eine sehr harte Verurteilung. Sie ist niemals auf Personen angewandt worden, die man lediglich mißbilligt.

Herzlichst,

John R. Mapother

Register